Kochbuch für zwei linke Hände

Toni Netzle

Kochbuch für zwei linke Hände

Ungewöhnliche und sehr private Rezepte
für die Küche und für das Leben

Wilhelm Heyne Verlag
München

Copyright © 1995
by Wilhelm Heyne Verlag GmbH & Co. KG, München
Umschlaggestaltung: Atelier Ingrid Schütz, München
Umschlagfoto: © Roberto Ferrantini, Rom
Satz: Michael Knoch/Michael Schuberthan
Druck und Bindung: RMO Druck, München
Printed in Germany

ISBN 3-453-08694-5

Für meine
Enkeltöchter
Stephanie
Julia
Katharina

und alle die,
die keine Ahnung vom
Kochen
oder
die, die ganz einfach
Spaß an diesem Buch
haben

Inhalt

Wieso, weshalb, warum und ein merkwürdiges Rezept

Liebe Stephanie,

daß ich heute beginne, diesen Brief an Dich zu schreiben, hat einen
ganz besonderen Grund. Der von Dir so oft verlachte Tick von mir,
alles aufzuheben, hat mich auf eine Idee gebracht. Beim Kramen in
meiner »Da-hebe-ich-alles-auf-Kiste« habe ich ein Kuvert gefunden
mit vielen kleinen und großen Zetteln, die ich mal an meine Kinder
geschrieben habe. Gleich bei dem ersten dachte ich an Dich: »Liebe
Kinder, wenn Ihr nach dem Konzert noch Hunger habt, macht Euch
doch noch Spaghetti: Nehmt den großen Topf mit den roten Griffen.
3/4 mit Wasser füllen ... so, und jetzt verteilt die Spaghetti auf die
Teller, Sugo drüber, und guten Appetit. Ein dicker Kuß – Eure Mutti.«
Das war der erste Küchenzettel, der mir aus dem Kuvert in die Hände
fiel. Nachts war ich ja immer in meinem Lokal, also haben wir viel mit
Brieferln kommuniziert. Du kannst Dich sicher an meinen geliebten
»Laden« erinnern. Ob es die wunderschönen Kinderfaschingsfeste
waren oder ein früher Abendessenbesuch. Aber sicher war Dir nicht
klar, was der »Alte Simpl« – so heißt diese herrliche Kneipe heute
noch – war. Ein Treffpunkt für Politiker, Journalisten, Schauspieler
und alles, was vor und hinter Kamera und Bühne arbeitete, Dichter,
Schriftsteller und Studenten, Weltverbesserer und Revoluzzer. Also
eine Klientel, die gerne diskutierte und darüber beileibe nicht Essen

und Trinken vergessen hat. Soviel zur Erklärung, warum ich nachts nie zu Hause war. Aber jetzt will ich an Dich einen langen, sehr privaten Brief schreiben, den Du am Ende vielleicht sogar als Buch bezeichnen kannst.

Ich weiß, daß Du in absehbarer Zeit ein eigenes Apartment mit einer kleinen Küche bekommst. Ich hoffe, daß ich Dir mit meinem Buch viel Geld, Ärger und Mühen ersparen kann. Wenn das der Fall sein sollte, wäre ich glücklich!

Alle Rezepte, die ich aufschreiben werde, klingen fürchterlich schwer. Sind sie aber nicht. Es handelt sich um ganz einfache Hausmannskost. Viele Rezepte sind noch von unserer alten Kathi, der Köchin von meiner Großmama G., also der Köchin von Deiner Ur-Urgroßmutter. Gott, ist das lange her!

Aber Kathi war eine außergewöhnliche Person – richtig »super«, würdest Du heute sagen –, die uns Kinder sogar in die Küche ließ, obwohl das bei Strafe verboten war. Und wenn die Dame des Hauses, unsere Großmama, die »Frau Geheimrat«, anrauschte, was man an ihrem soldatenähnlichen Schritt schon lange vorher hörte, versteckte Kathi uns in einem der vielen Küchenschränke, bis die Luft wieder rein war. Nachher haben wir alle gelacht über den großen Spaß, die strenge Großmama hereingelegt zu haben. Heute bin ich der Meinung, daß Großmama immer alles wußte und uns einfach den Spaß ließ. Sie wußte, daß sie sich auf Kathi verlassen konnte, daß sie auf uns aufpaßte. Viel später habe ich erfahren, daß das Küchenverbot für uns nur von der Angst herrührte, daß wir uns an dem riesigen Herd verbrennen könnten. Weißt Du, damals gab es in den Küchen noch keine Gas- oder Elektroherde wie heute, sondern nur riesige Herde, die mit Holz und Kohle beheizt wurden. Ich gehe mal mit Dir ins Deutsche Museum, da stehen noch ein paar von diesen ungeheuer gemütlichen, wärmespendenden Monstern.

Da fällt mir noch eine schöne Geschichte aus meiner Kinderzeit ein. Als ich wieder einmal quengelnd am Herd auf und nieder hüpfte, um einen Blick in die großen Töpfe zu werfen, krank vor Neugierde, was es denn zu Mittag geben würde, setzte Kathi mich auf den

Küchentisch und gab mir ein beschriebenes Blatt Papier in die Hand. Ich las stotternd eine Geschichte, die ich überhaupt nicht verstand. Aber Kathi hat mich aufgeklärt: Während des Ersten Weltkrieges (auch schon etwas länger her: 1914 – 1918) war alles rationiert. Man konnte nirgends etwas ohne »Marken« kaufen. Auch mit Marken gab es nicht sehr viel, und die Menschen hatten alle Hunger. Auf diesem ominösen Blatt Papier stand ein Rezept, das ich Dir nicht vorenthalten möchte:

München, den 21. Januar 1918
Bürgerliches Kochrezept

Man nehme die Fleischkarte, wälze sie in der Eierkarte und brate
sie in der Butterkarte schön braun. Die Kartoffelkarte und die
Gemüsekarte werden gekocht und die Mehlkarte hinzugesetzt.
Um schnell und intensiv zu kochen, lege man die Kohlen- und
Spirituskarte darunter und zünde sie an. Als Nachtisch brühe man
die Kaffeekarte auf und füge die Milchkarte hinzu. Feinschmecker
lösen die Zuckerkarte darin auf. Nach dem Essen wäscht man
sich mit der Seifenkarte und trocknet sich die Hände an dem
Textilbezugsschein ab.

Ich hatte schnell verstanden, daß mir Kathi beibringen wollte, daß es Zeiten gegeben hat, in denen die Mahlzeiten nicht immer so reichlich wie bei uns waren. Diese Geschichte habe ich nie vergessen, das Rezept behalten und – was ich damals nicht ahnen konnte – viele Jahre später hervorgekramt: natürlich aus meiner »Da-hebe-ich-alles-auf-Kiste«, die ich als Kind schon hatte. Es kam der Zweite Weltkrieg (1939 – 1945), und wieder gab es nichts mehr ohne Marken. Ich mußte bei dem Rezept nur das Datum ändern, und schon hatte ich großen Erfolg mit Kathis »Bürgerlichem Kochrezept«.
Aber jetzt ganz schnell weg von Krieg und Kohleherd und hinein in die Mikrowelle. Oder so ähnlich.

Was Du für Deine Küche brauchst und eine Beschaffungstheorie

Meine Anleitungen werden Dir Auskunft geben über Dinge, die Du in dieser Art eigentlich aus keinem Kochbuch erfahren kannst. Es wird eine ganz persönliche Geschichte werden und hat sicher nicht den Anspruch auf Allgemeingültigkeit. Außerdem versuche ich lediglich, Dir ein Grundlagenwissen zu vermitteln. Alles andere, die »feine«, die »spezielle« und die »besondere« Küche, kannst Du später, solltest Du Dich dafür interessieren, aus den normalen großen Kochbüchern erlernen. Die wirst Du dann auch verstehen. Vielleicht wirst Du eines Tages dieses Buch sogar an Deine nicht kochen könnenden Freunde weitergeben, weil ich glaube, daß die grundsätzlichen Handgriffe ganz verständlich beschrieben sind.

Bei der Lektüre wirst Du merken, daß ich generell mit Salz sehr sparsam umgehe. Meine Familie hat immer gesagt, daß ich Kinderküche koche. Aber es gibt recht viele Leute, die wenig Salz essen, und wem es nicht genügt, der kann ja reichlich den Salzstreuer vom Tisch benützen! Wie es beliebt! Nachgesalzen ist leicht – Versalzen eigentlich irreparabel!!

Noch etwas muß ich vorab klären: Was ist eine Prise? Natürlich, Du weißt es – so viel, wie zwischen Daumen und Zeigefinger geht. Ein dicker, großer Daumen? Ein kleiner, dünner Zeigefinger? Weißt Du was, probiere es einfach aus, und mach Dir das Maß Deiner Prise selbst. Im übrigen glaube ich, daß Du mit Deinen zarten Fingern sogar zweimal in das Salz fassen mußt.

Soviel zur Prise, und jetzt zur Küche.

Vielleicht weißt Du, daß bei allen Partys die Küche der beliebteste Treffpunkt ist, auch wenn sie noch so klein ist. Der Topf Gulasch blubbert am Herd, Weiß- und Schwarzbrot stehen nebenan, und man schlabbert diskutierend oder lachend etwas in sich hinein, nachdem man sich selber bedient hat. Komisch, jetzt fällt mir wieder der alte Kohleherd von Großmama ein, der so viel Wärme ausgestrahlt hat. Eigentlich hat sich doch nicht soviel verändert, außer daß die Wärmequellen moderner geworden sind.

Wenn Du es möglich machen kannst, richte Deine Küche nicht nur für Dich alleine ein, sondern mindestens für zwei bis vier Personen. Ich hoffe doch, daß Du auch mal Freunde oder Deine Familie zu Gast haben wirst. Über Besteck und Geschirr will ich jetzt nicht reden – nur über die Dinge, die Du in Deiner Küche zum Kochen brauchst.

Natürlich würden ein Topf und eine Pfanne ausreichen, Dir etwas zu essen zu machen, aber lustiger ist es schon, ein paar mehr Möglichkeiten zu haben, eine richtige Mahlzeit zuzubereiten.

Ich schreibe Dir jetzt einfach auf, was Du meiner Meinung nach brauchen wirst, um alles das zubereiten zu können, was ich Dir schreibe.

1 elektrischer Wasserkocher (mit abnehmbarem Topf), 1,5 Liter
1 Reine, 40 cm lang, 9 cm hoch,
1 Reine, 32 cm lang, 9 cm hoch
1 Pfanne (Teflon), 16 cm Ø
1 Pfanne (Teflon), 24 cm Ø
1 Pfanne (Teflon), 28 cm Ø
2 Bratentöpfe, 18 cm Ø
1 Bratentopf, 22 cm Ø
1 Bratentopf, 24 cm Ø
2 Kochtöpfe, 18 cm Ø
1 Kochtopf, 24 cm Ø, 10 Liter

1 Kochtopf, 28 cm Ø, 15 Liter
1 langer Topf, ca. 40 cm, mit Siebeinsatz und Deckel für Fisch
1 Kartoffeldämpfer
5 Plastikschüsseln, groß und klein
1 großes Fleischbrett
3 kleine Brettchen
1 Spätzlebrett
1 Fleischklopfer aus Holz
2 Holz- oder Plastikwender
4 Kochlöffel klein bis groß
1 Schaumlöffel (Lochkelle)
2 Schöpfkellen, klein und groß
1 Meßkanne, 1 Liter
1 kleiner Schüttelbecher
1 großes Fleischmesser
1 große Fleischgabel
3 kleine scharfe Küchenmesser
1 Gurkenhobel
1 Seiher (Sieb) groß, 1 Seiher (Sieb) klein
2 Schneebesen, groß und klein
1 Eierschneider
1 Knoblauchpresse
1 Eieranstecher
1 Kartoffelschäler
1 Küchenwaage mit abnehmbarer Schale

Außerdem brauchst Du natürlich einen Grundstock an Gewürzen: Salz, Pfeffer, Paprika süß und scharf, Muskatnuß gemahlen, Basilikum, Oregano, Thymian, Rosmarin, Kümmel, Dill, Majoran. Knoblauch nehme ich ausschließlich frisch geschnitten oder gepreßt. Natürlich weiß ich, daß Du jetzt, wenn Du die Liste gelesen hast, entsetzt bist! »Wo soll ich das Geld hernehmen, um das alles zu kaufen?« Töpfe und Pfannen sind teuer, und eigentlich willst Du jetzt gar nicht mehr weiterlesen, weil Du ja doch bei einer Pfanne und einem Topf landest und damit meine Kochanweisungen gar nicht brauchst. Nur Mut! Ich habe einen Vorschlag, der natürlich ein bißchen dauert, aber am Ende hast Du alles zusammen, was Du brauchst: Schon zum Einzug kannst Du Dir von Deiner Familie und Deinen Freunden etwas wünschen. Bereite eine Liste vor, so wie es viele Hochzeitspaare machen, wenn sie heiraten; schreibe alles, was Du benötigst, nieder und lasse diese Liste rumgehen. Jeder, der Dir ein Geschenk machen will, ob groß oder klein, soll das von ihm Ausgesuchte durchstreichen, so daß Du nichts doppelt bekommst. Sicher darf auch etwas Teureres dabeisein, es sind ja, wie es so schön heißt, »Geschenke fürs Leben«!

Wenn Du noch ein übriges tun willst, habe ich dafür eine Idee: Male drei große Blätter voll mit allem, was Dir noch zu Deiner Küchenausstattung fehlt, und schreibe groß darüber: »Statt Blumen«. Einen Bogen hängst Du in Deinen Flur und die anderen beiden auf die Toilette. Einen davon an die Tür innen (auf jeden Fall so, daß er aus der sitzenden Position gelesen werden kann) und den anderen über den Spülkasten. Ich bin ganz sicher, daß niemand Deine Wohnung verlassen wird, ohne Dein Küchenbeschaffungsprogramm gelesen zu haben. Bei der Vorstellung, daß Freunde Dich besuchen kommen und aus einem blumenähnlichen Päckchen ein Kochlöffel herausrollt, lache ich heute schon. Jetzt hast du wieder was zum Ausstreichen auf Deinen drei »Statt-Blumen«-Plakaten. Du wirst sehen, wie schnell Du alles zusammenhast. Meine Liste ist nur eine Grundausstattung, die Du jederzeit erweitern kannst.

Drei für heutige Verhältnisse »ganz wichtige« Küchenutensilien wirst Du nicht auf meiner Liste finden: Mikrowelle, Mixer und Schnellkochtopf. In meiner Küche nimmt mir die Mikrowelle eigentlich nur Platz weg, aber ich benütze sie wirklich kaum. Ich kann damit nichts anfangen. Außerdem bin ich der Meinung, daß aufgewärmtes Essen – aus der Mikrowelle natürlich – ganz anders schmeckt. Selbst wenn eine Pizza nicht mehr ganz heiß unseren Tisch erreicht, schiebe ich sie lieber in die Röhre. Sie braucht ein bißchen länger, dafür verliert sie nicht den Geschmack. Aber das soll jeder halten, wie er will, ich mag es nicht. Und nur zum Auftauen ist so eine Mikrowelle viel zu teuer. Wenn Du frühzeitig alles aus dem Tiefkühler rauslegst, was Du brauchst, ist es auch aufgetaut. Ist nur eine Frage der Einteilung. Außerdem verbraucht das Ding bärenstark Strom!

Einen Mixer besitze ich seit über zwanzig Jahren, noch nie habe ich ihn benützt. Ich wüßte nicht, für was. Bananenshake mag ich nicht, also für was dann? Jetzt kannst Du sagen, daß man noch tausend andere Dinge damit machen kann, das ist sicher richtig. Ich weiß keine. Und mit dem Schnellkochtopf ist das so eine Sache. Ich hatte da ein »Früherlebnis«, als die ersten Töpfe in Mode kamen. Toll! Was habe ich mich über diese Erfindung gefreut – ein Suppenhuhn, das normalerweise mindestens eineinhalb Stunden kochen muß, sei in 15 Minuten fertig!!! Welch wahnwitziger Fortschritt!!! Ich also sofort los, für viel Geld so einen Topf erstanden plus Suppenhuhn. Alles genau nach Vorschrift gemacht. Nach 15 Minuten, als ich den Topf öffnen wollte, muß ich irgend etwas falsch gemacht haben. Der Topf ist explodiert. Deckel, Huhn und Suppe flogen bis zur Küchendecke. Es sah schauderhaft aus. Ich mußte froh sein, daß ich außer einigen Verbrennungen an den Händen und im Gesicht von dem kochenden Wasser nicht schwerer verletzt worden war. Das Kochergebnis war auch nicht besonders. Das Huhn, an der Decke hängend, war zwar weich, aber die Suppe ließ sich von Spülwasser nur wenig unterscheiden – sie schmeckte nach nichts. Das war ein teures Suppenhuhn! Ich mußte mich über längere Zeit in ärztliche Behandlung begeben, der Maler die Küche restaurieren – das brauche ich alles nicht! Nie mehr wieder habe ich mich auf ein solches Experiment eingelassen. Aber: Der Topf an sich ist richtig gut. Den benütze ich viel, aber als normalen Topf, ich lasse nur das Schließventil weg. Er kocht wirklich viel schneller, weil der Deckel durch den Gummiring fester auf dem Topf sitzt.

Vielleicht – und fast bin ich mir sicher – bin ich ein technischer Trottel, denn Tausende kochen mit dem Schnellkochtopf. Ich kann es nicht und vermisse ihn auch nicht. Bin halt eine altmodische Köchin, mache alles mit der Hand, selbst Zwiebelschneiden. Auch wenn ich dabei eine Taucherbrille aufsetzen muß. Diese schrecklichen elektrischen Zwiebelschneider schneiden nie so, wie ich es will. Mal sind sie zu fein, dann schmecken Zwiebeln bitter, mal sind sie zu groß, dann ist mir das auch nicht recht. Mit der Hand geht das wirklich am besten, da habe ich dann meine Zwiebel genau so geschnitten, wie ich sie will.

Dir und mir fallen sicher noch ein paar Dinge ein, die man in einer Küche unbedingt braucht, nur weil sie »in« sind. Lasse sie weg, sie bringen wirklich nichts, außer daß sie viel Geld kosten.

Wahrscheinlich hast Du zwischen den bisherigen Zeilen gelesen, daß ich nicht als perfekte Köchin auf die Welt gekommen bin. Wie oft habe ich mich schon in meinem Leben als Mensch »mit zwei linken Händen« bezeichnet. Aber Du siehst, ich habe es geschafft, und ich möchte Dir alle meine unguten Erfahrungen ersparen.

Der Vorreden sei jetzt genug, wir fangen endlich an. Jetzt wird gekocht!

Das Frühstück und die Tücken um das Ei

Komischerweise sind für viele schon die Frühstückseier ein Problem, besonders:

Weiche Eier

Ein Töpfchen mit Wasser gut halbvoll, wenn Du es genau wissen willst, lege Deine rohen Eier vorsichtig in den Topf und lasse das Wasser drüberlaufen, bis die Eier gut bedeckt sind. Die Eier wieder vorsichtig rausnehmen, das Wasser im Topf mit Deckel zum Kochen bringen. Die Eier mit dem »Eieranstecher« am dicken Ende anstechen und vorsichtig mit einem Suppenlöffel in das kochende Wasser geben. Ab da vier Minuten richtig kochen lassen, sofort rausnehmen – wieder mit dem Suppenlöffel – und in den Eierbecher stellen. Die Eier sollten jetzt noch ein bißchen »schlutzig« sein. Wenn Du sie etwas härter willst, mußt Du das nächste Mal eine halbe Minute dazugeben. So sollte der normale Ablauf sein. Meistens ist es aber nicht so – Deine Eier platzen. Du mußt nicht erschüttert sein, das liegt nicht an Dir! Die Eierschalen sind manchmal so dünn, vielleicht sogar etwas angestoßen, ohne daß Du es gesehen hast, daß selbst bei vorsichtigstem Eintauchen in das kochende Wasser etwas passiert. Mir ist neulich schon beim Herausnehmen aus dem Karton ein Ei in der Hand zerbrochen. Also sei nicht traurig, und nimm ein neues Ei! Wenn Du das Gepule aus dem Eierbecher nicht magst, nimm Dir ein kleines Glas, schlage das gekochte Ei mit einer Hand in der Mitte am Glasrand fest an und ziehe es mit beiden Daumen über dem Glas auseinander. Ein Teil des weichen Eis fällt jetzt in das Glas. Du kannst eine Hälfte zur Seite legen und die andere Hälfte mit einem Eierlöffel über dem Glas auskratzen. Die andere Hälfte natürlich genauso. Leider sind Deine Frühstückseier jetzt schon nicht mehr richtig heiß. Also: entweder diese Prozedur ganz schnell machen oder noch besser aus der Schale löffeln.

Harte Eier

Für harte Eier ist der Kochvorgang der gleiche, nur daß Du die Eier statt vier Minuten einfach zehn Minuten kochen läßt. Eier herausnehmen – wieder mit dem Suppenlöffel – und sofort unter fließendes kaltes Wasser legen. Das nennt man »abschrecken«. Sonst lassen sie sich nicht gut abpellen. So machst Du übrigens auch Deine Ostereier, die mußt Du nur sofort mit einem frischen Tuch richtig trockenreiben, sonst kannst Du sie nicht bemalen. Sobald nur ein bißchen Fett auf der Eierschale ist, hält die Farbe nicht.

Spiegeleier

Du nimmst die kleine Pfanne, gibst einen Kaffeelöffel voll Butter rein, heiß werden lassen – Vorsicht, die Butter darf nicht braun werden. Sollte es trotzdem passieren, nimm ein Küchenpapier und mach die Pfanne wieder sauber. Es schmeckt nicht so gut mit brauner Butter. Jetzt nimmst Du ein Ei, schlägst es mit einer Hand in der Mitte am Pfannenrand an und ziehst mit beiden Händen das Ei über der Pfanne auseinander. Beide Daumen hast Du an der Bruchstelle, so daß Du die Kontrolle darüber hast, wann das Ei in die Pfanne gleitet.

Du hast richtig gelesen: gleitet! Nicht von einem Meter hoch in die Pfanne plumpsen lassen, da geht der Dotter mit Sicherheit kaputt. Wenn das in der Tat passieren sollte, ist es auch kein Beinbruch, es sieht nur nicht so schön aus. Schmecken tut es genauso gut. Salz und ein Hauch von Pfeffer darüber, und jetzt mußt Du aufpassen. Du siehst, wann Du die Pfanne vom Feuer nehmen mußt. Wenn Du es kroß magst, laß die Ränder richtig schön braun werden, wenn Du den Dotter noch schön weich haben willst, mußt Du die Eier schon früher vom Feuer nehmen. Solltest Du Deine Eier überhaupt durchgebraten wollen, dann gibt zwei Minuten einen Deckel über die Pfanne, so wird der Dotter fest. Oder Du nimmst einen Wender und drehst das Ei einfach um. Hier mußt Du, wie so oft, ausprobieren, wie Du es am liebsten magst.

»Zwei Spiegeleier auf einem Butterbrot, das ist das Beste auf der Welt«, sagte der Kabarettist und Schauspieler Ottfried Fischer und streute mit der Mühle den Pfeffer über das Spiegeleierbrot, bis es schwarz war.

Rühreier

Für Rühreier nimmst Du die gleiche Pfanne. Gibst wieder Butter rein – nicht zu heiß werden lassen – und läßt die zwei oder drei Eier, die Du vorher in einem Schüsselchen mit einer Gabel durcheinandergewurstelt hast – Salz und Pfeffer solltest Du auch schon dazugeben –, in die Pfanne gleiten. Wenn Du willst, kannst Du sie mit einem Wender auch umdrehen. Ich mache mir das immer ein bißchen bequemer. Ich schlage die Eier wie zu Spiegeleiern in die Pfanne und verwurstel sie erst in der heißen Pfanne vorsichtig mit der Gabel; da sind die Stücke größer. Mir schmecken die Rühreier so viel besser. Ich habe sie »Wursteleier« getauft!
Eine andere Variante: Du trennst den Dotter vom Eiweiß. O Gott, das hatten wir ja noch gar nicht! Also vorab: Zwei Schüsselchen, ein größeres und ein kleines, herrichten. Das rohe Ei wieder in der Mitte anschlagen, mit beiden Daumen vorsichtig auseinanderziehen, über

die größere Schüssel halten und, ohne daß das Eigelb aus der Schale fällt, das Eiweiß in die Schüssel laufen lassen. Das ist einer Jongleurarbeit im Zirkus nicht unähnlich. Du mußt versuchen, das Eigelb immer in einer Hälfte der Eierschale zu halten, dann kannst Du das Weiß aus der anderen Schale abgießen, darauf jonglierst Du das Eigelb in die andere Schalenhälfte und läßt das Eiweiß aus der Schale ohne Dotter in die Schüssel laufen. Das mußt Du ein paarmal hintereinander machen. Wenn der Dotter nur mehr solo in einer Schalenhälfte ist, gibst Du ihn in die kleinere Schüssel. Beide Schalenhälften putzt du jetzt mit dem Zeigefinger in die Eiweißschüssel aus.

Sollte Dir Eigelb in das Eiweiß gefallen sein, nimm ein Stück Schale und hole es raus. Es geht ganz leicht, der Dotterspritzer wird von der Schale angezogen.

Das Eiweiß mit einem Schneebesen schlagen, bis es fest ist. Das kannst Du feststellen, indem Du die Schüssel ganz schief hältst – der Schnee darf sich nicht rühren, auch darf keine Flüssigkeit mehr in der Schüssel sein. Dann rührst Du die Dotter mit ebenso vielen (großen) Löffeln Milch, wie Du Eier genommen hast, glatt, gibst Salz und Pfeffer dazu, noch mal richtig schön vermengen. Dann rührst Du das Eigelb in den Eischnee, läßt die Masse in eine größere Pfanne mit heißer Butter laufen, drehst das Omelett, wenn es fest ist, mit dem Wender vorsichtig um, damit es nicht anbrennen kann. Laß es nicht zu hart werden. Du wirst sehen, auch diese Art von Rühreiern schmeckt toll.

Eier mit Schinken

Wenn Du Eier mit Schinken möchtest, nimm zwei dünne Scheiben gekochten Schinken pro Ei und schneide kleine Fleckchen, so 2 mal 2 cm. Die Schinkenflecken in die heiße Butter geben, warm werden lassen, umdrehen. Die Eier drüberschlagen wie zu Spiegeleiern. Natürlich kannst Du sie auch verwursteln! Wenn Du den Schinken lieber im Ganzen läßt, lege die Scheiben in die heiße Pfanne, einmal umdrehen, und erst dann die Eier darüberschlagen. Salz und Pfeffer nicht vergessen, aber diesmal ganz vorsichtig, Schinken ist im allgemeinen schon sehr scharf gewürzt.

... und was noch zu einem Frühstück gehört

Zu einem guten Frühstück gehört natürlich noch einiges mehr. Solltest Du auf Deine Figur achten müssen, sorge für jede Menge tropischer Früchte. Papaya, Kiwi, Mango und Ananas. Gleich nach dem Aufstehen eine kleine Mahlzeit aus diesen Früchten – auf nüchternen Magen! – das wirkt Wunder!

Trinken darfst Du alles, aber glaube mir, Tee zum Frühstück ist verträglicher als Kaffee. Das ist meine Meinung. Einen guten Tee zu machen gibt es tausend Möglichkeiten. Eigentlich ist das schon eine Kunst für sich. Du mußt selber herausfinden, was Dir am besten schmeckt. Im übrigen ist eine große Wärmekanne, in die Du einen oder zwei Teebeutel hängst und mit kochendem Wasser aufgießt, die einfachste und schnellste Methode. Aber erzählen darfst Du das niemandem – sie werden Dich alle für eine Banausin halten. Damit lebe ich schon ein ganzes Leben lang sehr gut!!! Da bin ich gerne eine Banausin. Für Kaffee kaufst Du Dir am besten eine kleine Maschine. Aber auch hier gilt das gleiche: Jeder macht ihn anders, jeder hat sein eigenes Rezept, das er für das beste hält. Mache immer alles so, wie Du es willst, und lasse Dir nichts einreden!

Halt, das Wichtigste hätte ich beinahe vergessen: Ein elektrischer Wasserkocher ist was Himmlisches! Du solltest ihn Dir zum Einzug schenken lassen.

Wenn Du ein Frühstück mit Früchten bevorzugst, mußt Du nach ein paar Stunden wieder was essen. Du wirst es an Deinem Hunger merken. Also nimm Dir, falls Du unterwegs bist, eine Kleinigkeit mit.

Was sonst noch zu einem schönen und ausgiebigen Frühstück gehört, weißt Du sicher selbst: Wurst, Käse, Butter, Marmelade und verschiedene Brotsorten.

Eine gute Suppe, und der Rest des Tages ist gerettet

Mit das Wichtigste, was man zum Kochen braucht, ist eine gute Fleischbrühe

Fleischbrühe

Zwei Markknochen, zwei Fleischknochen und 250 Gramm Suppenfleisch, das bei uns Zwerchrippe heißt. Darf ruhig ein bißchen fett sein. Dies alles in Deinen großen 10-Liter-Topf geben, dazu frisches Grünzeug, zwei kleine Suppenbrühwürfel, etwas Salz und Pfeffer; mit kaltem Wasser den Topf zu 3/4 aufgießen. Wenn es kocht, mindestens zwei Stunden vor sich hin köcheln lassen.

Du mußt Dich nicht mehr drum kümmern, wenn Du die Hitze so eingestellt hast, daß die Suppe zwar kocht, aber nicht überläuft. Wenn die Suppe fertig ist, probiere sie, vielleicht mußt Du noch nachwürzen. Mit einem Schaumlöffel nimmst Du zuerst das Grünzeug raus, das kannst Du sofort wegwerfen. Ebenfalls mit der Lochkelle fischst Du jetzt die Knochen raus und

> Zutaten:
> 250 g Suppenfleisch
> 2 Markknochen
> 2 Fleischknochen
> 2 Suppenbrüh-
> würfel
> 1 Grünzeug
> Salz, Pfeffer

gibst sie in eine Schüssel; das verkochte Fleisch kommt auf ein Brett mit Ablaufrinne, sonst schwimmt Dein Arbeitsplatz ganz schnell; laß es dort auskühlen. Von den Knochen liest Du das Fleisch ab, und vergiß nicht, Dir aus den Markknochen das Mark rauszuholen. Wenn es nicht von alleine herausfällt, hilf mit einer Gabel nach oder klopfe den Knochen auf den Schüsselrand. Es kann auch sein, daß sich das Mark schon in der Brühe selbständig gemacht hat. Löse von dem Fleisch das Magere raus, das ganze Fett kannst Du sofort wegwerfen. Wenn Du zuviel Suppe gekocht hast, kannst Du sie einfrieren, aber erst, nachdem sie ganz erkaltet ist. Hebe sie nicht länger als 14 Tage auf! Am besten kaufst Du Dir ein paar kleine Plastikschälchen mit Deckel, damit Du immer das, was Du nicht gleich am Tag wiederverwenden willst, ordentlich aufheben kannst. Vergiß nie, einen Zettel daraufzukleben mit Inhalt und Datum. Das ist sehr wichtig zur Unterstützung Deines vielleicht etwas strapazierten Gedächtnisses!

Nudelsuppe

Wenn Du Nudelsuppe haben willst, mußt Du natürlich Suppennudeln kochen. Nimm den kleinen Topf, zu 3/4 mit Wasser füllen, zum Kochen bringen, erst dann etwas Salz und einen Eßlöffel Öl reingeben. Eine Handvoll Suppennudeln pro Person (nicht die ganz dünnen, die Fadennudeln, sondern die etwas dickeren, die Schnittnudeln, sie schmecken besser) in das kochende Wasser geben, umrühren, damit sie nicht unten hängenbleiben.

Zutaten:
Fleischbrühe
Suppennudeln
1 EL Öl
frischer
Schnittlauch

Und jetzt ist große Vorsicht geboten, weil alles sofort überkocht und Dein Herd schwimmt! Nimm den Topf für ein paar Sekunden vom Feuer, schalte die Hitze runter und bleibe dabei stehen, gucke, ob Du den Herd so eingestellt hast, daß Dir nichts überkocht. Gib den Deckel so drauf, daß an beiden Seiten Luft reinkommt, das heißt: schief. Acht bis zehn Minuten, und sie sind weich, haben aber noch Biß. Den Inhalt Deines Topfes gießt Du in der Spüle in einen vorher bereitgestellten Seiher und läßt sofort eiskaltes Wasser über die Nudeln laufen. Richtig waschen! Zum Abtropfen hängst Du den Seiher mit den Nudeln einfach in den Topf, so daß das Wasser ablaufen kann. Bevor Du die Nudeln servierst, mußt Du sie wieder warm machen. Sie einfach mit heißer Brühe zu übergießen, genügt nicht, sie sind ja jetzt eiskalt. Gib also die Nudeln mit einem Schöpfer voll Suppe wieder in Dein Töpferl, und laß sie heiß werden. Nur kochen dürfen sie nicht mehr. Sonst hast Du ganz schnell labbrige Nudeln. Die Fleischstücke und das Mark gibst Du mit rein, diese Suppe ist ein Genuß. Wenn Du frischen Schnittlauch im Haus hast, schneide ein wenig klein und gib ihn drüber. Wunderbar! Dieses Süppchen sollte eigentlich Tote wieder aufwecken!

Grießnockerlsuppe

Über Grießnockerl gibt es die wildesten Legenden. Jeder sagt, er könne sie nicht kochen, sie würden immer hart wie Stein. Wenn Du sie so machst wie ich, kann Dir gar nichts passieren, und sie werden butterweich und herrlich. Ist im übrigen auch gar nicht so schwer: Kaufe Dir einen Beutel »Nockerlgrieß«. Wenn Du die Anleitung liest und Dich genau daran hältst, kann nichts schiefgehen. Wenn Du nicht weißt, wieviel 30 Gramm Butter sind, nimm ein ganzes Stück; bei der Teilung landest Du in jedem Fall bei 25 Gramm, noch ein bißchen dazu, und Du hast die vorgeschriebenen 30 Gramm. Lege die Butter in eine kleine Schüssel, und lasse sie warm werden. Im Winter ist die Heizung, im Sommer die Sonne zu empfehlen. Man muß sie schön mit dem Kochlöffel verrühren können. Achtung: In der Anleitung steht nicht, daß Du ein Ei dazugeben sollst, ich mache das immer! Also: Butter, ein ganzes Ei, Salz und etwas geriebene Muskatnuß richtig schön glattrühren. Zwei Liter Brühe aufstellen und zum Kochen bringen. Erst wenn die – natürlich schon fertige – Suppe kocht, gibst Du den Nockerlgrieß in Dein Butter-Ei-Gemisch. Schnell und fest rühren, weil der Grieß ganz rasch hart wird. Nicht erschrecken, das wird sofort richtig dick. Jetzt nimmst Du einen

Kaffeelöffel, der in kaltes Wasser getaucht wird, stichst ein Löffelchen aus dem Teig aus, formst es mit zwei Fingern der freien Hand, die naß sein müssen, oval rund, klopfst mit dem Löffelstiel an den Rand des Topfes, in dem die Suppe richtig sprudelt, und das Nockerl rutscht in den Topf. Dieser Vorgang wird wiederholt, bis der Teig aus ist. Löffel in kaltes Wasser tauchen, Nockerl ausstechen, formen, in die kochende Suppe geben. Jetzt nimmst Du einen Kochlöffel und gehst vorsichtig auf den Grund des Topfes, fühlst, ob Nockerl am Topfboden hängengeblieben sind, und bringst sie nach oben. 20 Minuten ohne Deckel richtig kochen lassen, dann die Hitze wegnehmen, so daß die Suppe nur mehr still vor sich hin blubbert, Deckel drauf. Aber aufpassen: Auch bei geschlossenem Deckel darf die Suppe nur mehr blubb-blubb machen. Eine Stunde läßt Du das vor sich hin köcheln. Und dann sind Deine Grießnockerl fertig und wunderbar weich. In den Suppenteller wieder einen fein geschnittenen Schnittlauch geben – Du wirst der Star des Abends sein! Noch ein Tip: Wenn Du ganz sichergehen willst, daß die Nockerl durch sind, nimm Dir mit der Lochkelle vorsichtig eines raus und zerteile es. Du kannst es gleich sehen, ob der Grieß durch ist: Die Farbe muß durchgehend die gleiche sein.

Zutaten:
Fleischbrühe
1 Beutel Nockerlgrieß
30 g Butter
1 Ei
Muskatnuß
frischer Schnittlauch

Pfannkuchensuppe

Für die Pfannkuchensuppe, auch Omelett- oder Fritattensuppe genannt, brauchst Du logischerweise Pfannkuchen: Pro Pfannkuchen gibst Du einen gehäuften Eßlöffel Mehl in eine Schüssel; egal, ob Du einen oder zwei machen willst, gib ein Ei dazu und eine Prise Salz (das heißt, was zwischen Daumen und Zeigefinger geht!). Du kannst jetzt Milch nehmen oder Mineralwasser, probiere am besten aus, was Dir besser schmeckt. Mit dem Schneebesen so viel Milch oder Mineralwasser einrühren, bis der Teig nicht zu dünn vom Kochlöffel läuft. Der Teig darf auch keine Klümpchen haben! Jetzt nimmst Du Deine mittlere Pfanne, ein kleines Stück Palmin-Soft heiß werden lassen, die Pfanne in die Hand nehmen, das Fett muß überall sein, vor allem auch am Rand. Nun mußt Du ein kleiner Artist sein. Während Du mit einer Hand die Pfanne hältst und kreisende Bewegungen machst, gibst Du mit dem Schöpflöffel den Teig in die Pfanne, ebenfalls mit einer kreisenden Bewegung. Beide Hände sollten zusammenspielen. Wenn Du die Pfanne noch etwas weiterdrehst, verläuft der Teig meist ganz gut, aber es bleibt trotzdem immer irgendwo etwas hängen. Ein Schöpflöffel voll müßte für einen Pfannkuchen genügen. Wenn große Löcher entstehen, kannst Du ein klein wenig Teig nachgeben. Das klingt schwieriger, als es ist. Wenn Du das ein paarmal gemacht hast, ist es überhaupt kein Problem mehr. Mit der Plastikschaufel den Pfannkuchen etwas anheben. Wenn er richtig schön hellbraun ist, die Schaufel in die Mitte unter den Pfannkuchen schieben und mit Gefühl, aber relativ schnell, hochheben und umdrehen. Auf der anderen Seite braun werden lassen – und der Pfannkuchen ist fertig. Gib ihn auf ein Holzbrett, damit er glatt liegend auskühlen kann. Zusammenrollen und mit einem scharfen Messer so dünn wie möglich aufschneiden. Die Pfannkuchenstreifen in den Teller geben, kochende Brühe dazu, frischen Schnittlauch – und »guten Appetit«!

> *Zutaten:*
> *Fleischbrühe*
> *pro Pfannkuchen*
> *1 EL Mehl*
> *1 Ei*
> *Milch*
> *Salz*

Leberknödelsuppe

Wenn Du eine Leberknödelsuppe machen willst, kaufe die Knödel in jedem Fall fertig. Es gibt so gute, daß Du auf Anfrage ruhig ein bißchen schwindeln darfst und sagen kannst, Du hättest sie selber gemacht. Suppe kalt aufstellen und die Leberknödel gefroren reingeben. Auch mal mit dem Kochlöffel vorsichtig den Topfboden abgehen, damit sie nicht anhängen. Die Suppe darf nicht kochen, immer nur kurz vor dem Siedepunkt sein. Das dauert ungefähr eine halbe

Stunde. Wenn die Knödel oben schwimmen, nimm einen raus und zerteile ihn. Sollte der noch nicht heiß sein, kannst du die zwei Hälften ruhig wieder in die Suppe geben. Später gibst Du sie Dir dann in Deinen eigenen Teller. Ebenfalls mit frischem Schnittlauch servieren.

Das gleiche kannst Du mit **Leberspätzle** machen. Auch gefroren in die Suppe geben, vorsichtig anheben und 20 Minuten heiß werden lassen. Schnittlauch nicht vergessen.

Hühnerbrühe

Selbst eine Hühnerbrühe ist nicht schwer zu kochen. Sie dauert nur länger. Ein Suppenhuhn kaufen, auftauen lassen. Wenn es nicht mehr ganz gefroren ist, den Beutel mit den Innereien herausholen, der meistens im Innern steckt. Unter kaltem Wasser das Huhn innen und außen gründlich waschen! Den großen, hohen Kochtopf halbvoll mit kaltem Wasser füllen, das Huhn hineingeben und eventuell noch Wasser nachschütten. Das Huhn muß mit Wasser bedeckt sein. Zwei kleine Löfferl Salz, eine Prise schwarzen Pfeffer und zwei Bund frisches Grünzeug. Von den Innereien kannst Du den Magen – Du erkennst ihn daran, daß er in zwei Teile zerfällt – und die Gurgel mitkochen lassen. Das andere wirfst Du weg. Wenn Du konzentrierte Hühnerbrühe im Hause hast, kannst Du einen halben Eßlöffel Konzentrat dazugeben. Das Huhn muß mindestens eineinhalb Stunden kochen. Danach hebst Du es mit dem Schaum- löffel leicht an; wenn Du dabei das Gefühl hast, daß es auseinanderfällt, ist es fertig. Vorsichtig heraus-

> Zutaten:
> *1 Suppenhuhn*
> *2 Grünzeug*
> *1/2 EL Hühner-brühe (Konzentrat)*
> *Suppennudeln*
> *Salz, Pfeffer*

nehmen, mit der Lochkelle und der Fleischgabel auf das große Holzbrett zum Auskühlen legen. Solange das Huhn noch ein bißchen heiß ist, läßt es sich besser auslösen. Mit Gefühl die Knochen herausnehmen und immer mit der Hand nachfühlen, ob sich nicht kleine Knochensplitter versteckt haben. Das Fleisch in kleine Stücke schneiden. Ob Du die Haut essen willst, ist Deine Sache, sonst wirf sie weg. Nebenher kannst Du gleich Suppennudeln (Seite 24) kochen. Wenn Nudeln, Hühnerfleisch und Suppe nicht mehr richtig heiß sind, gib sie in ein Töpferl, und mache sie nur heiß, nicht mehr kochen! Wie immer: frischen Schnittlauch nicht vergessen.

P.S.: Als Kinder haben wir uns immer einen großen Löffel Kartoffelbrei (Seite 34) mit in den Suppenteller gegeben – Du mußt das mal probieren –, das schmeckt super.

Übrigens solltest Du ein Hühnersuppenkonzentrat immer im Hause haben. Einen halben Eßlöffel in einem halben Liter Wasser zum Kochen gebracht, schmeckt nicht wie eine echte Brühe, ist aber gut genießbar.

Tomatensuppe

Eine Tomatensuppe aus frischen Tomaten ist eine wahnsinnige Arbeit! Tomaten schälen, kochen, durchpassieren etc. O Gott, ist das mühsam! Es gibt einige Tomatensuppen aus der Dose, die hervorragend sind. Eine kleine Dose aufmachen, in ein kleines Töpfchen geben und langsam heiß werden lassen. Sie ist sehr dick, mit einem Löffel Wasser darfst Du sie gerne verdünnen. Aus zwei Toastbrotscheiben kannst Du dir dazu **Croûtons** machen. Schneide das Brot in kleine Vierecke und gib diese in eine heiße Pfanne mit viel zerlassener Butter. Immer umdrehen, bis sie richtig schön braun sind. Das geht sehr schnell. Die Tomatensuppe in die Teller, eine kleine Dose für zwei Personen, die Bröckchen rein – und »guten Appetit«.

Spargelsuppe

Für die Spargelsuppe gilt das gleiche. Es gibt prima Dosensuppen. Du machst sie so wie die Tomatensuppe. Solltest Du aber sowieso Spargel (Seite 54) kochen, dann hebe das Kochwasser auf. Mache Dir eine kleine Einbrenne (Seite 49), gieße sie mit dem Spargelsud auf, und Du wirst sehen, Du hast eine ganz tolle Spargelsuppe gemacht! Suppen gibt es noch viele, ich habe Dir nur die wichtigsten aufgeschrieben. Deiner Phantasie sind keine Grenzen gesetzt.

Kartoffeln, Nudeln, Knödel, Reis und ein bißchen, was dazugehört

---

Pellkartoffeln

Für Pellkartoffeln nimmst Du den Kartoffeldämpfer. Den unteren Teil mit Wasser füllen, mit dem Deckel abschließen und schon mal auf die Herdplatte mit größter Hitze stellen. So viele Kartoffeln, wie Du haben willst, in der Spüle gut waschen, in den Aufsatz geben, Deckel vom Topf nehmen, Kartoffeleinsatz drauf, Deckel nicht vergessen, und das Wasser zum Kochen bringen. Wenn es kocht, noch 20 Minuten, dann mit einer Gabel in eine Kartoffel hineinstechen. Wenn es sich weich anfühlt, sind die Kartoffeln fertig. Falls Du sie nicht gleich brauchst, weil Deine Zutaten noch nicht ganz fertig sind, nimm den Dämpfer vom Feuer, und lasse die Kartoffeln noch drin. Sie bleiben relativ lange heiß. Zum Schälen nimm eine Gabel, spieße eine Kartoffel auf, und ziehe die Pelle ab. Zum In-die-Hand-Nehmen sind sie mit Sicherheit viel zu heiß! Solltest Du noch keinen Kartoffeldämpfer haben, kannst Du Pellkartoffeln auch in einem normalen Topf machen. Den Topf mit den Kartoffeln zu 3/4 mit Wasser anfüllen und zum Kochen bringen. Der Kochvorgang ist der gleiche, nur schmecken die Kartoffeln aus dem Dämpfer viel besser. Kartoffeln, die im Wasser gekocht werden, ziehen immer ein bißchen Wasser in sich auf. Bei Frühkartoffeln kannst Du die Schale sogar mit servieren, schmeckt richtig prima. Aber natürlich vorher das Waschen nicht vergessen.

Salzkartoffeln

Zu Salzkartoffeln nimmst Du Dir die Anzahl der Kartoffeln, die Du für Dich und Deine Gäste brauchst, so drei bis vier pro Person bei normaler Größe. Mit dem Kartoffelschäler unter laufendem Wasser schälen und sofort in eine Schüssel mit kaltem Wasser legen. Das ist wichtig, weil geschälte Kartoffeln an der Luft sofort die Farbe verlieren. Die geschälten Kartoffeln im Wasser in Stücke schneiden und in einem Topf mit Wasser bedecken. Sobald es kocht, die Hitze so herunterschalten, daß es etwa zehn Minuten weiterkocht. Zur Sicherheit die »Gabelprobe« machen, wie bei den Pellkartoffeln. Jetzt kommt wieder eine kleine artistische Einlage. Du legst den Deckel so auf den Topf, daß an der Seite ein kleiner Spalt frei bleibt. Mit den Topflappen beide Henkel anfassen und zu gleicher Zeit den Deckel festhalten, daß er nicht wegrutscht. Über die Spüle halten und das Wasser ablaufen lassen. Den Topf für zwei Minuten auf die noch warme Herdplatte zurückstellen, ohne Deckel, und das Wasser, das noch im Topf verblieben ist, wegdampfen lassen. So, und jetzt kannst Du die Kartoffeln auf die Teller oder in die Schüssel geben. Sollte Dein dazugehöriges Essen noch nicht ganz fertig sein, mit Deckel halten die Kartoffeln im Topf bestimmt zehn Minuten lang die Wärme.

Bratkartoffeln

Bratkartoffeln machst Du entweder aus übriggebliebenen kalten Pellkartoffeln, oder Du mußt neue machen. Die heißen Kartoffeln abkühlen lassen, bevor Du sie schälst. Wenn sie einigermaßen kalt sind, schneide sie in Scheiben – so dünn wie Dir möglich – in eine Schüssel. Die große Pfanne mit einem Eßlöffel Palmin-Soft aufsetzen und erst, wenn das Fett heiß ist, die geschnittenen Kartoffeln in die Pfanne geben. Mit der Schaufel richtig verteilen, so daß die ganze Pfanne am Boden bedeckt ist. Jetzt lasse sie richtig brutzeln. Salz und Pfeffer nicht vergessen. Ich weiß, daß das eine Nervensache ist, weil man immer Angst hat, daß alles anbrennt. Ist aber nicht so. Kannst ja mit der Schaufel ein bißchen drunterlugen, erst wenn die eine Seite richtig braun ist, mit der Schaufel umdrehen. Auch wieder schön verteilen; eigentlich kümmere ich mich bei Bratkartoffeln fast um jedes Scheibchen. Wenn sie auf beiden Seiten rösch sind, sind sie fertig. Solltest Du gerne Bratkartoffeln mit Zwiebeln mögen, mußt Du eine Zwiebel schälen, vorne und hinten abschneiden, halbieren, die halbe Zwiebel zwischen Daumen und Zeigefinger pressen und der Länge nach in Streifen – 1/4 cm – schneiden. Dann der Breite nach, und schon hast Du lauter kleine Stücke. Die gibst Du vor den Kartoffeln in das heiße Fett und läßt sie goldbraun werden. Erst danach kommen die Kartoffelscheiben in die Pfanne, und Du machst weiter wie gehabt. Du kannst auch ein bißchen Kümmel drangeben, das ist aber nicht jedermanns Geschmack. Dazu kannst Du Dir zwei Spiegeleier (Seite 19) machen oder die Eier direkt drüberschlagen. Hierfür gibst Du, wie bei Rühreiern (Seite 20), die Eier in eine Tasse und verkleppperst sie mit einer Gabel. Wenn die Bratkartoffeln fertig sind, verteilst Du die Eier drüber. Einmal umdrehen, und alles ist fertig. Ein grüner Salat (Seite 126) als Beilage schmeckt wunderbar.

Kartoffelbrei

Echter Kartoffelbrei ist mit grauenerregender Arbeit verbunden. Pellkartoffeln kochen, abschälen, noch heiß durch die Kartoffelpresse drücken, schnell die heiße Milch, die in der Zwischenzeit übergelaufen und angebrannt ist, mit dem Schneebesen einrühren, ein großes Stück Butter und Salz zugeben und schlagen. Bis du ihn auf den Teller bringst, ist er meistens kalt!!! – Das mache ich schon lange nicht mehr. Ein Fertig-Flocken-Püree mit Milch, drei Portionen (gerade recht für zwei) ist fabelhaft. Die Gebrauchsangaben stimmen fast. Ich nehme nur etwas weniger Wasser und gebe dafür ein großes Stück Butter hinein. Das Wasser in einem kleinen Töpfchen zum Kochen bringen, mit dem kleinen Schneebesen das Kartoffelmehl einrühren, einen guten Kaffeelöffel Butter dazu, und fertig. Das dauert wirklich nur fünf Minuten.

Kartoffelpuffer

Kartoffelpuffer – Reibekuchen – Reiberdatschi, wie sie auch heißen mögen, sind noch schlimmer. Rohe Kartoffeln schälen, mit einer Reibe in eine Schüssel mit kaltem Wasser reiben – die Packung Pflaster nicht vergessen, weil man dauernd blutende Finger hat –, die Enden eines Tuchs an den vier Beinen eines umgekehrten Hockers mit fester Schnur befestigen, das Wasser mit den geriebenen Kartoffeln hineinschütten, zuvor natürlich eine Schüssel drunterstellen und warten ... bis das Wasser einigermaßen abgelaufen ist. Das Tuch vorsichtig wieder abmontieren, so in die Hand nehmen, daß nichts rauslaufen kann, mit einer ungeheuren Kraftanstrengung über der Schüssel, die unter dem Stuhl steht, richtig auswinden, so daß der Kartoffelteig fast trocken ist, ihn in eine Schüssel geben, ein paar gekochte Kartoffeln durch die Kartoffelpresse hineingeben, zwei Eier reinschlagen, salzen und warten ... bis sich in der Wasserschüssel die Kartoffelstärke am Boden abgesetzt hat. Das Wasser von oben vorsichtig abgießen, ein bißchen in den Teig, die Stärke mit dem

Finger aus der Schüssel rausstreichen, den Teig gut umrühren, noch Wasser drauf, wenn er zu dick ist, und ab in die Pfanne. – Nein, das macht, glaube ich, kein Mensch mehr! Du kaufst einfach ein Fertigprodukt »Kartoffelpuffer – Reibekuchen«. Nimm etwas weniger Wasser als angegeben und schlage lieber ein Ei rein. Mit dem Schneebesen das Pulver einrühren und fünf Minuten stehenlassen. Sollte Dir der Teig zu dick geworden sein, gib einfach noch einen Löffel Wasser dazu. Es muß ein nicht zu dicker Brei werden. Die große Pfanne nehmen und Pflanzenöl reingeben, der Boden muß überall gut bedeckt sein. Wann das Öl heiß ist, bekommst Du raus, indem Du den Löffel reinhältst; wenn es zischt, ist es gut. Einen großen Eßlöffel voll Teig in die Pfanne geben und mit dem Löffelrücken breit drücken. Vorsicht mit den Fingern, das Öl spritzt! Ein bisserl rund sollen die Puffer schon werden. Du kannst in eine Pfanne so viele reingeben, wie gut Platz haben. Braun werden lassen – umdrehen. Vielleicht noch mal umdrehen. Wenn sie in der Pfanne zusammengebraten sind, trenne sie mit Deiner Schaufel wieder auseinander. Die Hitze muß sehr groß sein. Wenn Du sie besonders kroß haben willst, lasse sie richtig rösch werden. Viele mögen sie aber auch etwas weicher, dann nimm sie einfach eher aus der Pfanne. Fertiges Apfelmus dazu ist herrlich. Oder Du kaufst 250 Gramm geschnittenen Lachs, verpackt, und es gibt »Kartoffelpuffer mit Lachs«, da gehört aber Sahnemeerrettich dazu.

Sahnemeerrettich ist einfach zu machen. Ein Glas fertigen Meerrettich kaufen, zwei bis drei kleine Löffel in eine Tasse geben und mit zwei bis drei kleinen Löffeln süßer Sahne fest verrühren. Fertig.

Noch eine Variation kannst Du ausprobieren: Du schneidest eine normal große Zwiebel (schälen, der Länge nach teilen und die Hälften auf einem Brettchen ganz fein schneiden, so daß Du lange Zwiebelfädchen bekommst. Gelingt Dir nicht beim ersten Mal, weiß ich. Vorsichtig schneiden. Deine Finger sind sehr gefährdet!) Einen Eßlöffel Palmin in die Pfanne, heiß werden lassen, Zwiebeln hineingeben und unter ständigem Umwenden hellbraun werden lassen. Vom Feuer nehmen und abkühlen lassen. Erst jetzt machst Du den

Reibekuchenteig an und gibst die Zwiebeln mit rein. Braten wie gehabt und Sauerkraut (Seite 59) dazu servieren. Das schmeckt besonders gut.

Es gibt Menschen, die Kartoffelpuffer bzw. Reibekuchen sogar eiskalt lieben, zum Beispiel Gerhard Schmitt-Thiel, dieser tolle Moderator. Warum das so ist, wollten wir ganz schnell von ihm wissen: Gebürtig in der schönen Stadt Hamm in Westfalen, mit drei Geschwistern aufgewachsen, gab es zu Hause bei Tisch niemals Streit um irgend etwas zu essen. Ob einer der Brüder ein größeres Stück Fleisch hatte oder etwas mehr von dem Nachtisch abbekam, Ruhe und Frieden herrschte bei den Mahlzeiten. Nur – ja, wenn nur seine Mutter nicht so wahnsinnig gute Reibekuchen gemacht hätte! Zoff war angesagt, mitgezählt wurde, wer wie viele schon verschlungen hatte und wie viele überhaupt noch da waren, um sie bis zum nächsten Morgen im Kühlschrank zu deponieren. Du lieber Himmel von Hamm, für was denn? Für das Pausenbrot! Eine Klappstulle aus Schwarzbrot, beidseitig mit Butter bestrichen und dazwischen eiskalte Reibekuchen. Das muß eine ganz besondere Delikatesse sein, denn dieses Pausenbrot wurde für Gerhard Schmitt-Thiel zum großen Tauschobjekt. Das ging so weit, daß er sie nur mehr gegen »abschreiben« eintauschte. In Mathe und Geschichte war er nicht so besonders – die Stulle mußte her. Nach den Schulaufgaben meinten seine Lehrer, der Junge müsse ja ordentlich gepaukt haben, die Noten hätten sich eklatant verbessert. Die Armen – sie hatten keinen blassen Schimmer, was eine Klappstulle mit kaltem Reibekuchen dazwischen alles bewirken kann! Ich habe es bis heute nicht versucht, allein der Gedanke daran läßt mich erschaudern!

Reis

Wer guten Reis kochen kann, wird immer bewundert. Das ist wirklich ein Kunststück. Mal ist er zu dick, mal zu dünn, ach, es ist zum Verzweifeln. Mit »Spitzen-Langkornreis« – ich benütze immer den von Onkel Ben – kann Dir überhaupt nichts passieren, solange Du Dich genau an die Anweisungen auf der Packung hältst. In jedem Fall aber solltest Du den Reis probieren, bevor Du ihn abgießt. Manchmal braucht er fast länger als 20 Minuten. Sollte Dein übriges Essen nicht genau mit dem Reis fertig sein, lasse ihn im heißen Wasser stehen, das macht nichts. In ein Sieb schütten, ablaufen lassen. Fertig. Kartoffeln, Reis und Nudeln solltest Du immer im Haus haben, damit läßt sich sogar auf die Schnelle viel zaubern. Jetzt machen wir Deine geliebten

Spaghetti

Kaufe die ganz langen italienischen aus Hartweizen ohne Eier. Die schmecken einfach am besten. Als Hauptspeise rechne mindestens 150 Gramm pro Person. Als Beilage die Hälfte. Die langen Spaghetti sind immer in 500-Gramm-Paketen. Also sind 150 Gramm ungefähr ein Drittel des Paketes. Nimm es mit Deinem Augenmaß raus, lieber zuviel als zuwenig! Für eine Portion mußt Du einen Topf nehmen, in dem mindestens zwei Liter Wasser Platz haben. Der Topf darf nicht randvoll sein, sonst kocht das Wasser über. Langer Rede kurzer Sinn – nimm einen großen Topf! Erst wenn das Wasser kocht, gibst Du zwei kleine Löfferl Salz und zwei große Löffel Öl in das Wasser. Dann nimmst Du die Spaghetti fest in die linke – oder natürlich auch in die rechte – Hand und schiebst sie ganz langsam unten am Boden entlang rein. Mit der freien Hand fächerst Du die Nudeln etwas breit. Also mit beiden Händen arbeiten. Wenn Du der Rundung des Topfes folgst, ist es am leichtesten. Nur große Vorsicht: Spaghetti dürfen nicht brechen!!! Mit dem Kochlöffel etwas durcheinanderrühren und zehn bis zwölf Minuten kochen lassen. Die Hitze zurücknehmen, den

Deckel schräg auf den Topf, daß der Dampf rauskann. Mit Sicherheit wird Dir alles überkochen, das macht nichts – wisch den Sud gleich wieder weg. Nach Ablauf der Kochzeit einen Spaghetto rausfischen und probieren. Achtung: Spaghetti müssen immer noch den richtigen Biß haben und dürfen nie labberig sein. In ein Sieb geben, abtropfen lassen, schütteln, damit das Wasser richtig abläuft, und auf die Teller geben. Nur wenn Du Nudeln aufheben willst, mußt Du sie im Sieb mit viel kaltem Wasser spülen. Sonst kleben sie Dir, wenn sie kalt sind, ganz ekelhaft zusammen!

Die originellste Art der »Sind-die-Spaghetti-schon-durch-Probe« gab es im Haushalt meiner Freundin Mildred Scheel. In der privaten Küche der Villa Hammerschmidt, zu Präsidentens Zeiten, hingen in einer Ecke der Küche an der Decke weit über hundert Spaghetti. Auf meine Frage, was das denn für ein modernes Kunstwerk sei, antwortete mir Mildred: »Kennst du das nicht? Ob Spaghetti wirklich durch sind, kannst du am besten feststellen, indem du einen Spaghetto an die Decke schleuderst, wenn er hängen bleibt, sind sie durch, wenn er herunterfällt, brauchen sie noch ein bißchen. Das Ganze hat nur einen Nachteil, die Spaghetti gehen nie mehr ab, denn der heiße Nudelteig verbindet sich sofort mit der Farbe und dem Putz. Jetzt bleiben sie hängen, und wir finden das sehr originell und hübsch – du hast recht, eigentlich sieht es schon wie ein modernes Mobile aus.«

Ich bin mir nicht ganz klar, ob das die beste aller Möglichkeiten ist, eine Spaghetti-Probe zu machen. Es sei denn, Du willst ein »Food-Art« in Deiner Küche haben.

Aber zurück zu unseren Nudeln. Solltest Du gar nichts zu Hause haben, um einen Sugo dazu zu machen, gib einen Eßlöffel Öl in einen Topf, drücke eine Knoblauchzehe durch die Presse rein, verrühren und die noch heißen Spaghetti einfach richtig durchziehen. Das heißt dann »**Aglio e Olio**«. Ein Stück Butter in den Teller, die heißen Nudeln drauf, das schmeckt. Vor einem Date solltest Du das nicht essen, Du stinkst anschließend mörderisch nach Knoblauch – inklusive des nächsten Tages.

Wenn ich viel mit anderen Menschen zu tun habe, bin ich im Umgang mit Knoblauch sehr vorsichtig. Manchmal ist man selber für die anderen eine Zumutung!

Sugo für Spaghetti wird schon fertig angeboten, ich habe noch keinen gefunden, der wirklich gut ist. Also mache ich ihn immer selber. Das Praktische ist, daß ich immer mehr mache, da rentiert sich die Arbeit. Den Rest friere ich in Ein-Portions-Schälchen ein. Das hält sich gut drei bis vier Wochen.

Zum **Sugo »Bolognese«** kaufst Du 500 Gramm Hackfleisch, Rind und Schwein gemischt. Zwei Zwiebeln kleinschneiden und in einem großen Topf mit Palmin goldgelb werden lassen. Eine kleine Dose geschälte Tomaten. Die Tomaten nimmst Du einzeln mit einer Gabel aus der Dose in einen Suppenteller und zerdrückst sie mit der Gabel.

Das dicke Ende nimm raus, und wirf es weg. Wenn Deine Zwiebeln fertig sind, gib das Hackfleisch in den Topf, und lasse es unter dauerndem Umrühren an- bzw. durchbraten. Du siehst es an der Farbe: Wenn das Fleisch nicht mehr rot ist, ist es fertig. Dann gibst Du die zerdrückten Tomaten hinein und auch den Saft, ungefähr zehn Eßlöffel Tomaten-Ketchup und einen kleinen Löffel Tomatenmark. Gut umrühren und köcheln lassen. Einen Kaffee-löffel Salz, Pfeffer, je einen Eßlöffel getrockne-

> *Zutaten:*
> *500 g gemischtes Hackfleisch*
> *2 Zwiebeln*
> *1 kleine Dose geschälte Tomaten*
> *10 EL Ketchup*
> *1 TL Tomatenmark*
> *Salz, Pfeffer*
> *Basilikum*
> *Oregano*

tes Basilikum und Oregano. Umrühren, kochen lassen. Mindestens eine halbe Stunde. Immer umrühren – brennt sehr leicht an. Probieren, eventuell nachwürzen, fertig. Den Rest, den Du einfrieren willst, fülle in die Schüsselchen, und lasse ihn richtig kalt werden, erst dann in die Tiefkühltruhe stellen.

Wenn Du keinen Sugo mit Fleisch magst, mache Dir aus Tomaten einen. Der heißt »Napoli«. Fünf bis sechs frische Tomaten in eine Schüssel geben und mit kochendem Wasser übergießen, dann lassen sie sich sehr leicht schälen. Die Tomaten auf einem Brettchen schneiden und die kleinen Stückchen in einen Topf mit heißer Butter geben. Zehn Minuten kochen lassen, salzen, pfeffern, etwas Oregano und Basilikum und einen großen Schuß Ketchup, damit das Ganze sämiger wird. Da

> Zutaten:
> **5 bis 6 frische Tomaten**
> **Butter**
> **Salz, Pfeffer**
> **Oregano**
> **Basilikum**
> **Ketchup**

kannst Du natürlich auch gleich mehr machen und einfrieren.

Schinkennudeln

Für Schinkennudeln mußt Du »griffige« Nudeln, das sind solche mit Rillen, kaufen. Pro Person rechne ich immer eine gute Handvoll im ungekochten Zustand. In einen nicht zu kleinen Topf, zu 3/4 mit Wasser gefüllt, erst nachdem das Wasser kocht, Salz, zwei Eßlöffel Öl und die Nudeln reingeben. Umrühren nicht vergessen, Nudeln blei-

> Zutaten:
> pro Person
> 1 Handvoll Nudeln
> 2 EL Öl
> 100 g Schinken

ben gern am Boden kleben. Deckel schräg auf den Topf, damit der Dampf raus kann, und 15 Minuten kochen lassen. Eine Nudel probieren – in ein Sieb abgießen und mit fließendem Wasser richtig abspülen. Zum Abtropfen kannst Du das Sieb in Deinen Nudeltopf hängen. Für eine Portion brauchst Du 100 Gramm Schinken. Den schneidest Du auf einem Brettchen in kleine Streifen oder Vierecke, und gibst sie in die große Pfanne mit Palmin. Den Schinken ein paarmal durcheinanderwirbeln und gleich die Nudeln dazu. Mit dem Würzen mußt Du vorsichtig sein, es kann sein, daß der Schinken sehr scharf ist, aber das mußt Du einfach probieren. Die Nudeln immer umdrehen, es sei denn, Du magst sie ein bißchen angebraten. Das dauert nur ein paar Minuten. Eine große Schüssel grünen Salat (Seite 126) dazu – wunderbar.

Merke Dir generell: Die Kochanleitungen auf den Nudelpaketen stimmen fast immer. Nur steht nie drauf, wieviel Wasser man nehmen muß. Faustregel: Für eine Tasse Nudeln im Rohzustand sechs Tassen Wasser. Ich finde außerdem Nudeln, die nicht viele Eier enthalten, besser, aber das ist Geschmackssache – wie so vieles im Leben.

Bei Schinkennudeln muß ich immer an Luggi denken. Seit über dreißig Jahren ist er einer meiner besten Freunde. Er hat nicht nur mit seiner starken Persönlichkeit mein Leben beeinflußt, sondern auch zum Gelingen meines Simpl entscheidend beigetragen. Luggi Waldleitner ist einer der bedeutendsten Filmproduzenten in Deutschland. Aber auch als Filmpolitiker hat er sich über alle Parteien hinweg einen großen Namen gemacht. Von ihm wüßte ich hunderttausend aufregende Geschichten zu erzählen. Hier nur eine kleine, aber sehr typische: Er und seine wunderbare Frau Angela, eine stolze Tirolerin mit viel Charme und Witz, hatten für ein Uhr nachts »ihren« Tisch bestellt, für fünf Personen. Vier hatten da gerade gut Platz – und fünf, na ja! Ein bisserl eng wird es werden, aber o.k.
Sie kamen überpünktlich, wie ich es von Luggi nicht anders gewöhnt bin, von einer Besprechung – sieben (!) Mann und Frau hoch. Es wurde sehr, sehr eng. Alles hochrangige Herren aus Politik und Wirtschaft, die ich nur aus der Zeitung kannte. Gott, war mir das peinlich! Der Simpl war überfüllt, ich hatte überhaupt keine Chance, einen anderen Tisch frei zu machen. Aber Angela und Luggi haben mich in ihrer herrlichen natürlichen Art gerettet. »Jetzt müssen wir halt alle ein bisserl zusammenrücken, ein wenig Tuchfühlung kann nach diesem kontroversen Abend nicht schaden.« Hunger hatten sie alle wie Wölfe. Es führte überhaupt kein Weg hin, den Tisch für sieben Personen einzudecken. Was tun? Luggi hatte eine sensationelle Idee. Am Tisch wurde ein wenig getuschelt, für irgend etwas holte Luggi ein Plazet ein. Das Ergebnis war einstimmig: »Also, paß jetzt auf«, begann Luggi seine Bestellung, »sieben Pils haben Platz, sieben von deinen kleinen Salattellern auch noch, dann bringst du sieben Gabeln und sieben Servietten aus Stoff, weil die größer sind als die aus Papier; ja, und zum Schluß: siebenmal Schinkennudeln.« Mit Sicherheit war seine Pause dramaturgisch

einkalkuliert, denn völlig verzweifelt rief ich: »Luggi! Wohin mit den Tellern?«

»Die Schinkennudeln machst du in einer großen Pfanne, bringst aber immer nur eine Portion, die stellst du in die Mitte des Tisches, und wir essen gemeinsam aus einem Teller. Wenn der leer wird, kommt sofort der nächste, und das siebenmal hintereinander. Hast mich verstanden?«

Und ob ich hatte! So ging das auch über die Bühne, respektive über den Tisch. Nahtlos Teller an Teller. Es war ein so unkonventionelles und lustiges Essen, wie ich es noch nie erlebt hatte. Außerdem habe ich dabei erfahren, daß alle passionierte Bergsteiger und Skifahrer sind und es auf einer Hütte in den Bergen auch nicht anders zugeht. Der Kaiserschmarrn (Seite 141) kommt auch in einer großen Pfanne auf den blankgescheuerten Tisch, und alle essen gemeinsam daraus. Erst gegen Morgen endete diese so außergewöhnliche Nacht, in der Luggi und seine Angela wieder einmal neue Stammgäste für den Simpl gewonnen haben.

Spätzle

Am besten sind sowieso Spätzle, die Du selber machst. So schwer, wie alle sagen, ist das gar nicht! Es ist wirklich nur eine Frage der Übung. Du mußt Dir ein Spätzlebrett besorgen. Solltest Du eigentlich in jedem Kaufhaus bekommen. Das ist ein Brettchen, das an einer schmalen Seite abgeschrägt ist, an der anderen einen Griff hat. Ein großes, scharfes Fleischmesser brauchst Du auch noch, das soll nicht so schwer sein und eine lange Klinge haben, die nicht sehr breit sein muß.

Der Teig: Ein halbes Kilogramm Mehl in eine Schüssel geben, zwei ganze Eier reinschlagen, zwei kleine Kaffeelöffel Salz. Jetzt machst Du Dir in einem Gefäß – ich nehme immer eine Kanne – knapp einen halben Liter lauwarmes Wasser und rührst langsam mit dem Kochlöffel das Wasser in das Mehl. Vorsicht: Der Teig darf nicht zu dünn werden, also mit dem Wasser sparsam und langsam umgehen.

Wenn der Teig dick von Deinem Kochlöffel läuft, ist er gut. Sollte Dir der Teig zu dünn geworden sein, gib einfach noch ein bißchen Mehl dazu. Nun drückst Du die Schüssel mit der einen Hand gegen Deinen Körper, und mit der anderen Hand schlägst Du den Teig. Lasse Deine ganze Wut, die Du gerade auf irgend jemanden hast, an Deinem Teig aus! Leichter geht es natürlich, wenn Du jemand bitten kannst, Dir die Schüssel zu halten, dann kannst Du den Kochlöffel mit beiden Händen halten und hast natürlich viel mehr Kraft. Sollte Dein »Schüsselhalter« zufällig ein Mann sein – lasse ihn den Teig schlagen, und halte Du die Schüssel. Das ist gute Arbeitsteilung. Sobald Dein Teig durch das Schlagen Blasen wirft, ist er fertig. Schon vorher hast Du einen hohen 10-Liter-Topf mit Wasser bis drei Zentimeter unter dem Rand gefüllt und auf das Feuer gestellt. Wenn das Wasser, in das Du auch zwei Kaffeelöffel voll Salz gegeben hast, kocht, geht die Prozedur los: Drei Kochlöffel voll Teig auf das Brettchen geben, den Griff fest in der Hand halten, mit dem Messer den Teig verteilen. Mußt ein bißchen jonglieren, daß er Dir nicht vom Brett läuft. Mit dem Messer den Teig von der abgeschrägten Seite etwas nach oben drücken, so daß er an der schmalen Seite dünner ist. Das Brettchen und die Klinge des Messers tauchst Du nun für den Bruchteil einer Sekunde in das sprudelnde Wasser und schneidest ganz schmale Streifen in das kochende Wasser. Brettchen eintauchen, abschaben, Brettchen eintauchen, abschaben. Den Teig schiebst Du immer wieder ein bißchen nach vorne. Wenn das Brett leer ist, legst Du es zur Seite, das heißt, über die Schüssel mit dem Teig, da liegt es frei. Die Spätzle läßt Du jetzt einmal richtig aufkochen. Vorsicht, es kocht ganz schnell über. Wenn das der Fall sein sollte, ziehe den Topf einfach für die Dauer der nächsten Handgriffe ein bißchen von der Herdplatte. Jetzt ist die Lochkelle dran. Fische damit die Spätzle aus dem Topf, und gib sie in eine kleine Schüssel. Wenn das Wasser nicht mehr kocht, schwimmen die Spätzle sowieso oben, und Du kannst sie sehr leicht herausnehmen. Die fertigen Spätzle gibst Du jetzt in ein Sieb in der Spüle, richtig abwaschen, mit ganz kaltem Wasser, und abtropfen lassen. Vor dem nächsten Arbeitsgang stellst Du einen mittleren flachen Topf auf den Herd, Hitze auf klein, 70 Gramm Butter rein, zerlaufen lassen. Nächster Arbeitsgang: Auf das

Spätzlebrett wieder drei Kochlöffel voll Teig geben, in das kochende Wasser kurz eintauchen, abschaben, eintauchen, abschaben, bis das Brett wieder leer ist. Die erste Portion Spätzle in Deinem Sieb gibst Du in den Topf mit der heißen Butter, vorsichtig umdrehen. So hast Du Dein Sieb für die nächste Portion frei. Das Wasser muß einmal aufkochen, Topf zur Seite schieben, Spätzle rausfischen, in den Seiher geben, abwaschen, ablaufen lassen. Inzwischen kocht Dein Wasser wieder, und alles beginnt von neuem. Beim letzten Brettchen brauchst Du nicht mehr abfischen, Du gießt den Inhalt des Topfes vorsichtig in Dein Sieb, so bleiben Dir auch im Topf keine Reste. Mittlerweile sind alle Deine Spätzle im anderen Topf mit der Butter; ganz vorsichtig mit dem Kochlöffel vermengen, damit sie nicht matschig werden und auch auf allen Seiten heiß werden. Die Hitze kannst Du jetzt etwas höher stellen, aber immer dabeibleiben und aufpassen, daß nichts unten anhängt. Probieren, eventuell nachsalzen.

Merke: Die Spätzle schmecken nur gut, wenn sie ganz heiß sind, und: handgemachte sind am besten!

Varianten:

Zu Gurkenspätzle setzt Du wieder den Topf, flach und breit, mit Butter auf den Herd. Du schälst eine große, frische Gurke und hobelst sie fein in eine Schüssel, dann nimmst Du die Schüssel in die Hand, hältst sie schräg über die Spüle und drückst mit der anderen Hand auf die Gurke, so daß das Wasser abläuft. Dann gibst Du die Gurkenscheiben in die heiße Butter; sollten ein klein wenig köcheln. Die frisch gemachten Spätzle draufgeben, und erst nach fünf Minuten mit den Gurken liebevoll durcheinandermengen. Vielleicht mußt Du nachsalzen – alles muß ganz heiß sein. Mit grünem Salat (Seite 126) servieren – ein Genuß.

Die andere Möglichkeit sind **Kässpätzle.** Eine feuerfeste Form mittlerer Größe mit 50 Gramm Butter auf dem Herd heiß werden lassen. Eine Lage Spätzle verteilen, geriebenen Parmesan darübergeben, nächste Lage Spätzle verteilen, Parmesan, wieder Spätzle, Parmesan, und zum Schluß garnierst Du den Parmesan noch mit Butterstückchen. Schön viele! Mit Folie gut abdecken. In die ganz heiße Röhre schieben, nach zehn Minuten die Folie abnehmen, noch ein paar Minuten drinlassen, bis oben alles schön braun ist. Aus der Röhre nehmen, auf eine Unterlage stellen und so auf den Tisch bringen – mit einer großen Schüssel grünem Salat (Seite 126). Lecker!

Ich habe das Spätzlemachen schon als junges Mädchen bei meiner anderen Großmutter, der Großmutter R., gelernt. Sie war eine Badenerin, konnte kochen wie eine Dreisterneköchin, und ein Tag ohne irgendein Spätzlegericht war kaum denkbar. Überhaupt konnte sie mit Gerichten aus Mehl wahre Zaubereien vollbringen. Ist ja auch kein Wunder, denn ihr Mann, also mein Großvater (Dein Ururgroßvater), war Direktor einer großen Mühle und hat ein ganz besonderes Mehl für Großmama zum Kochen erfunden.

Semmelknödel

Semmelknödel sind auch kein großes Kunststück. Wenn man sie ein paarmal gemacht hat, gelingen sie immer und werden ganz toll.

Aus einem Beutel mit 400 Gramm Knödelbrot gehen sechs bis acht Knödel raus, je nachdem, wie groß Du sie machst. Das Knödelbrot in eine mittlere Schüssel geben, zwei Bund Petersilie kleinschneiden, die Stengel natürlich nicht dazugeben. Einen halben Liter Milch zum Kochen bringen. In ein Töpferl gibst Du bodendeckend kaltes Wasser und schüttest erst dann die Milch drauf. So brennt sie Dir nicht so schnell an. Wieso das so ist, kann ich nicht erklären, das ist so eine Überlieferung von meinen »Kochlehrerinnen«! Während Du die Milch heiß machst, mußt Du am Herd stehen bleiben und die Milch mit Argusaugen beobachten, sie

Zutaten:
1 Beutel Knödelbrot
2 Bund Petersilie
1/2 l Milch
2 Eier
1 TL Salz

läuft nämlich in Windeseile über, und dann hast Du Deine Milch auf dem Herd und bist mit Putzen beschäftigt. Wenn Du merkst, daß sie steigt, nimm sie sofort von der Platte, und schütte sie über das Knödelbrot. Einen kleinen Löffel Salz dazu und mit dem Kochlöffel kräftig durcheinanderrühren. Das muß jetzt eine ganz dicke Pampe sein. Auskühlen lassen. Das dauert. Immer mal wieder herumrühren, die Masse hält sich sehr lange richtig heiß. Wenn Du nun mit Deiner Hand den Teig richtig anfassen kannst, schlage zwei ganze Eier rein. Mit der einen Hand die Schüssel halten, mit der anderen den Teig richtig durchkneten. Wenn Du das Gefühl hast, daß er noch bröselig ist, gib einen Schluck lauwarmes Wasser dazu. Wenn umgekehrt der Teig zu weich ist, kannst Du einen Löffel Semmelbrösel dazutun. Es darf kein trockenes Stückchen mehr im Teig sein. Du kannst ja versuchen, ob sich schon Knödel formen lassen, wenn ja, ist er gut. Deine Hände sind jetzt voll Teig; nimm den Rücken eines Messers, und streife Deine Handflächen und die Finger vorsichtig ab, das geht sehr gut. Hände waschen! Inzwischen hast Du Deinen großen, hohen Topf zu 3/4 mit Wasser gefüllt, zum Kochen gebracht, ein Löfferl Salz reingegeben. Nun gehst Du mit der Teigschüssel zur Spüle, läßt das kalte Wasser laufen und machst beide Hände richtig naß. Mit einer Hand nimmst Du eine Handvoll Teig und formst mit beiden Händen eine Kugel. Der Knödel sollte außen herum glatt sein, dann ab in das kochende Wasser. Teig nehmen, Kugel formen – denk dabei an einen Schneeball, nur nicht so fest drücken, eigentlich mußt Du das ganz zärtlich machen – und wieder ab in das kochende Wasser. Bis zum letzten Knödel. Ganz vorsichtig gehst Du nun mit dem Kochlöffel den Topfboden ab, daß die Knödel nicht hängenbleiben. Die Knödel ein bißchen anheben. Wenn alle Knödel nach oben gestiegen sind, den Topf einen Moment vom Feuer nehmen, Hitze runter, Deckel schräg auf den Topf, daß der Dampf rauskann. Das Wasser soll jetzt nur mehr blubbern. Nach 20 Minuten nimmst Du Dir einen Knödel raus und schneidest ihn in der Mitte durch. Wenn er innen nicht mehr teigig ist, sind die Knödel fertig. Wenn das Wasser nicht mehr kocht, kannst Du die fertigen Knödel ruhig bis zu einer halben Stunde im Wasser liegen lassen, bis Deine anderen Speisen auch fertig sind. Das *Timing* ist etwas, was Dir kein Mensch beibringen kann, das sind Erfahrungswerte, die Du Dir selber aneignen mußt. Du weißt nach einiger Zeit, wie lange Du für diesen oder jenen Vorgang brauchst.

Sollten Dir Semmelknödel übrigbleiben, lasse sie kalt werden, schneide sie auf, in eine heiße Pfanne mit Palmin reingeben, ein paar Eier

drüberschlagen, salzen und pfeffern, immer wieder umdrehen, bis
alles schön braun und heiß ist. Grüner Salat (Seite 126) dazu – eine
wunderbare, schnelle Mahlzeit.

Kartoffelknödel

Wie Du Kartoffelknödel selber machen kannst, schreibe ich Dir jetzt
nicht. Die echten sind eine so ungeheure Arbeit – Kartoffeln schälen,
reiben, Teig abtropfen lassen, ausdrücken usw. ... (siehe Kartoffelpuffer, Seite 34). Wirklich, nein! Da stehe ich stundenlang in der
Küche, die Zeit habe ich gar nicht mehr. Obwohl – wenn ich ehrlich
bin, manchmal überfällt mich der blanke Wahnsinn, und ich mache
welche. Aber die Male kann ich in den letzten Jahren an einer Hand
abzählen. Es gibt ein großes Angebot fertiger Knödel und Teige, unter
denen ich mir die »halb und halb«, das heißt, halb rohe und halb
gekochte Kartoffeln, herausprobiert habe. Für mich sind das die
besten. Die Anleitung auf dem Päckchen stimmt fast exakt. Auch da
gebe ich immer ein ganzes Ei dazu. Wenn Du den Teig nach den
Angaben gemacht hast, drehst Du wieder Knödel – nicht vergessen:
immer mit nassen Händen. Wenn Du Lust und Laune hast, mache
Dir vorher aus Toastbrot Croûtons (Seite 29) und drücke zwei oder
drei Stück einfach in die Mitte des Knödels hinein, wieder schön
zusammenstreichen, sonst fallen die Croûtons raus. Den Knödel in
das vorbereitete kochende Wasser geben, mit dem Kochlöffel die
Knödel vorsichtig am Boden anheben, kochen lassen. Wenn sie oben
schwimmen, die Hitze wegnehmen und 20 Minuten ziehen lassen,
das heißt, daß das Wasser auch nicht mehr blubbern darf.

Teigknödel

Für niederbayerische Teigknödel machst Du aus einem halben Kilo Mehl und drei ganzen Eiern einen sehr dicken Pfannkuchenteig (Seite 126), schneidest zehn Semmeln vom Vortag in kleine Schnittchen (wie Knödelbrot, nur nicht so fein) und gibst sie unter den Teig. Salzen und mit der Hand durchmengen; so lange Semmelscheiben oder, wenn Du keine mehr hast, Toastscheiben dazumengen, bis sich der dicke Teig in Knödel formen läßt. Hände wie immer naß machen und richtig große Boller formen, so groß, daß Du Deine Finger spreizen mußt. In das kochende Wasser vorsichtig reinlegen, aber das kannst Du ja mittlerweile, anheben, zehn Minuten kochen lassen – nicht zu stark –, 30 Minuten ziehen lassen. Vor dem Servieren legst Du Dir die Knödel auf Dein Fleischbrett und schneidest sie in dicke, große Scheiben. Das sind die besten Knödel zu einem Gericht mit viel Soße, sie saugen sich sofort mit der Soße voll.

Zutaten:
500 g Mehl
3 Eier
10 alte Semmeln
Salz

Das Gemüse
und ein wunderbarer
Dickmacher

Einbrenne

Also fangen wir gleich mit diesem wunderbaren Dickmacher an. Und einen Namen hat er bei mir auch: Einbrenne. Bei anderen heißt er Mehlschwitze, helle oder weiße Soße.

Die Einbrenne ist die Basis für viele Soßen. Die heutige Küche verschmäht und verdammt solche Soßen, wobei ich der Meinung bin, daß sie gar keine Dickmacher sind – und sie schmecken, wenn richtig zubereitet, einfach lecker.

In einem kleinen Töpfchen einen guten Eßlöffel Palmin-Soft zerlaufen lassen, pro Person einen Kaffeelöffel Mehl dazugeben und sofort mit dem kleinen Schneebesen glattrühren. Dazu kannst Du das Töpfchen vom Feuer ziehen, dann geht es leichter. Mit dem Schneebesen auch am inneren Rand entlangfahren, da bleibt immer leicht was hängen. Eiskaltes Wasser nun schlückchenweise dazu und immer weiterrühren, natürlich wieder auf dem Feuer, bis das Gemisch relativ dickflüssig ist. Der Brei darf keine Klümpchen mehr haben. Aber durch heftiges Schlagen und Rühren bringst Du das leicht zustande. Wenn Du das ein paarmal gemacht hast, ist es gar keine Schwierigkeit mehr. Das Mehl mit Fett und Wasser bei sehr mäßiger Wärme etwa zehn Minuten ausköcheln lassen und zur Seite stellen, weil wir jetzt etwas ganz anderes kochen. Auf die Einbrenne werden wir sehr oft zurückkommen. Nur die Weiterverarbeitung ist ab jetzt verschieden.

Karotten

Ob Du Karotten, gelbe Rüben oder Möhren kaufst (ein Kilogramm), ist egal, gekocht werden sie auf die gleiche Art. Das Grün abschneiden, wenn es jung ist, aufheben, wenn nicht, wegwerfen. Die Karotten waschen, und wenn Du sie mit einer festen Bürste abschrubbst, brauchst Du sie nicht zu schälen. Das wäre auch zu schade, denn unter der Haut sitzen die meisten Vitamine. Wie haben schon meine Großmütter immer gesagt: »Lieber ein bißchen Dreck essen, das macht immun, aber nie Vitamine verkommen lassen!« Dann schneidest Du die Karotten entweder in Streifen oder vom dünnen Ende an in Scheiben in eine Schüssel oder gleich in den Kochtopf. Kaltes Wasser in den Topf, bis das Gemüse bedeckt ist. Erst wenn das Wasser kocht, einen kleinen Löffel Salz, nach 40 Minuten nimmst Du ein Stückchen heraus, probierst und, je nachdem, vom Feuer nehmen oder noch ein paar Minuten kochen lassen. Das Gemüse muß generell immer noch Biß haben, darf nicht breiig sein. Aber so hart, wie das in Restaurants heute üblich ist, mag ich es nicht! Wenn die Karotten fertig sind, nimm eine Schüssel, hänge ein Sieb rein und gieße die Karotten mit dem Wasser da hinein. Jetzt geht es mit der Einbrenne (Seite 49) weiter. Dein Mehlteigerl läßt Du wieder warm werden und gießt es mit dem Kochwasser der Karotten langsam auf. Wieder fünf Minuten köcheln lassen und weg vom Feuer. Ein großes Stück Butter (50 Gramm) rein, nachsalzen, die abgetropften Karotten dazugeben, vorsichtig umrühren. Sollte der Topf zu klein sein, kannst Du den Kochtopf, in dem Du die Karotten gekocht hast, sofort wieder verwenden. Wenn Du ein bißchen Grün aufgehoben hast, schneide es klein, und gib es dazu, ansonsten ist Petersilie genausogut. Heiß werden lassen – nicht mehr kochen – und essen!

Pellkartoffeln, Salzkartoffeln oder auch Bratkartoffeln (Seiten 31–33) schmecken dazu, auch ohne Fleisch.

Erbsen

Erbsen solltest Du nicht selber machen, das Gepule ist so grauenvoll langweilig, zeitraubend und deprimierend, weil Du nach einer Stunde nur ein paar Handvoll Erbsen hast. Aber wie immer im Leben, es gibt eine Ausnahme: frische Erbsen aus dem Garten. Das lohnt sich, weil schon das Schotenöffnen Spaß macht bei diesem frischen, herrlichen Duft. Außerdem kannst Du schnabulieren! Also die Erbsen aus den Schoten raus, im Topf mit Wasser bedeckt 15 Minuten kochen, dann salzen und die Probe. Wenn Du sie mit viel Soße haben willst, siehe Einbrenne (Seite 49), mit dem Kochwasser aufgießen und das große Stück Butter nicht vergessen. Aber vielleicht gießt Du das Wasser einfach ab (Deckel schräg auf den Topf, mit beiden Händen die Topflappen über die Griffe und schiefen Deckel, über der Spüle vorsichtig abgießen) und gibst in Deine gartenfrischen Erbsen nur ein großes Stück Butter und ein bißchen Salz. Das könnte ich schon so aus dem Topf löffeln!

Und nun die normale Version: Kaufe eine Dose Erbsen, »fein« oder »sehr fein«, nimm keine anderen, es sind dann gleich Kanonenkugeln. In einem Töpfchen einen großen Löffel Butter zerlaufen lassen, Erbsen dazu, ohne das Wasser in der Dose. Entweder Du gießt sie in ein Sieb oder du trennst den Deckel nicht ganz ab, drückst ihn mit der Hand wieder zu und läßt über der Spüle einfach das Wasser ablaufen, indem Du den Dosendeckel etwas nach innen drückst. In den Topf etwas Salz, nicht umrühren, Deckel drauf, mittlere Hitze. Zehn Minuten heiß werden lassen. Mit zwei Topflappen Henkel und Deckel anfassen und den Topf in runden Bewegungen schwenken. So kommen die Erbsen durcheinander, ohne daß Du mit einem Kochlöffel diese zarten Gebilde zerstörst! Das kannst Du zwei- oder dreimal machen, bis Du die Erbsen auf den Teller bringst. Zu Erbsen würde ich nie eine Soße machen, das schmeckt nicht so besonders.

Grüne Bohnen

Mit den grünen Bohnen verhält es sich genauso wie mit den Erbsen (Seite 51). Wenn es keine frischen aus dem Garten gibt, kaufe lieber eine Dose: »fein«, »sehr fein« oder »Prinzeßbohnen«, das sind die teuersten, aber auch die besten. Der Arbeitsvorgang ist genau der gleiche, inklusive des Schwenkens im Topf, damit das Gemüse nicht zerstört wird. Und am Schluß noch mal ein großes Stück frische Butter dazu.

Solltest Du frische Bohnen aus einem Garten bekommen, besorge Dir auch gleich ein klein wenig Bohnenkraut. Das in das Kochwasser mitgegeben, schmeckt ganz toll. Aber vorher gucken, ob die Bohnen »Fäden« haben. Das heißt: das eine Ende anschneiden, abziehen. Wenn es tatsächlich Fadenbohnen sind (das ist einfach eine Sorte), mußt Du das leider mit jeder Bohne machen. Wenn sie keine Fäden haben, mußt Du nur die Enden abschneiden – auch bei jeder Bohne. In den Topf, mit Wasser bedecken, kochen lassen, salzen, 15 bis 20 Minuten. Probieren, Wasser abgießen, in den Topf mit einem großen Stück Butter zurück, heiß werden lassen, den Topf zwischendurch schwenken, wie gehabt.

Blumenkohl

Von einem schönen, großen Blumenkohl schneide vorsichtig die grünen Blätter ab, ohne den Kohlkopf zu verletzen. Jetzt legst Du Deinen Blumenkohl in einen großen, breiten Topf, halbvoll mit Wasser gefüllt, und zwar mit der Strunkseite nach unten. Das Wasser sollte schon fast den Kopf bedecken. Zum Kochen bringen – wie immer –, erst jetzt ein Löfferl Salz rein, 20 Minuten köcheln. In der Zwischenzeit mußt Du zwei Dinge machen: erstens in einer kleinen Pfanne mindestens 50 Gramm Butter heiß werden lassen, drei Eßlöffel voll Semmelbrösel dazugeben, unter ständigem Umrühren mit dem Kochlöffel braun werden lassen, nicht schwarz!!! Zweitens Deine schon vorbereitete Einbrenne (Seite 49) mit dem Kochwasser des Blumenkohls aufgießen, fünf Minuten auskochen lassen. Zwei Eidotter in die Soße geben und mit dem Schneebesen gut durchrühren; sollten die Eier flocken, war die Soße noch zu heiß. Das macht aber nichts, es sieht nicht so besonders aus, schmeckt aber genauso gut. Das große Stück Butter nicht vergessen. Den Blumenkohl nimmst Du nun mit der breiten Lochkelle aus dem Wasser und bringst ihn in eine große Schüssel, zuerst die Soße darübergießen und dann die heißen Semmelbrösel auf die Röschen verteilen. Kartoffeln (Seiten 31–33) dazu ... Das Wasser läuft mir schon beim Schreiben im Mund zusammen.

Sollten Dir Blumenkohl und Soße übrigbleiben, mache daraus eine Suppe. Einfach zusammen in einen Topf geben, noch etwas Kochwasser dazu, umrühren, aufkochen lassen, und fertig ist eine wunderbare Blumenkohlsuppe.

Rosenkohl

Rosenkohl machst Du ähnlich. Du mußt ungefähr zehn Röschen pro Person rechnen. Was es so im Netz gibt, reicht für zwei Personen. Die Röschen von den schlechten Blättern vorsichtig befreien; sollte der Strunk rausstehen, schneide ihn ab, aber so, daß die anderen Blätter nicht verletzt werden. Ein bißchen waschen. Den Rosenkohl in einen Topf, mit kaltem Wasser bedecken und kochen lassen. Erst dann ein kleines Löffelchen Salz dazu. Nach 20 Minuten ein Röschen probieren. Es ist wirklich Geschmackssache, wie hart oder weich Du das Gemüse willst. Den »Biß« aber nicht vergessen! In einen Topf mit Sieb den Rosenkohl abgießen. Wenn Du eine Soße dazu haben willst, machst Du wieder die Einbrenne (Seite 49) und gießt sie mit dem Kochwasser auf, das große Stück Butter nicht vergessen. Ohne Soße gibst Du in den Topf auch ein großes Stück Butter, zerlaufen lassen, Rosenkohl rein, noch mal ein Stück Butter darüber, vorher in Stückchen schneiden, langsam heiß werden lassen. Deckel mit beiden Händen an den Henkeln anfassen und vorsichtig durchschwenken, so verletzt Du mit Deinem Kochlöffel keines der Röschen.

Spargel

Spargel brauchst Du etwa ein Pfund pro Person. Das gibt dann Spargel »satt«. Das Schälen ist ein bißchen kompliziert, aber wenn Du den Dreh raushast, ist auch das keine Kunst mehr. Du nimmst einen Spargel in die Hand, hältst ihn unter dem Kopf mit Daumen und Zeigefinger fest und setzt den Kartoffelschäler unterhalb des Kopfes an; runterziehen, den Spargel weiterdrehen und wieder runterziehen, bis Du rundum alles sauber hast. Jetzt nimmst Du das Ende in die Hand und schälst unten herum auch sauber. Das Ende unten in jedem Fall ein Stückchen abschneiden.

Du brauchst jetzt Deine Fischpfanne – die mit dem Siebeinsatz innen –, gibst den Spargel hinein, mit kaltem Wasser abdecken, etwas Salz und ein großes Stück Butter mit in das Wasser. Nicht zudecken! Damit aber Dein Spargel nicht oben schwimmt und ohne Wasser ist, faltest Du eine kleine weiße Stoffserviette der Länge nach zusammen und legst sie oben auf den Spargel in das Wasser. Die Serviette hält die Spargel unten und kann ruhig mitkochen. Sie ersetzt den Deckel, ohne daß der Topf richtig abgeschlossen ist. 15 bis 20 Minuten gut kochen lassen, einen Spargel probieren. Du kannst ihn gleich servieren, indem Du ihn vorsichtig mit dem Sieb heraus auf die Anrichteplatte hebst. Oder Du machst die Einbrenne (Seite 49), gießt sie mit dem Spargelwasser auf, läßt sie etwas abkühlen und rührst zwei Eidotter rein. Die Soße kannst Du extra servieren oder über den Spargel auf der Platte geben. Mit »neuen« Kartoffeln ein Gedicht, aber Du kannst auch gekochten Schinken oder ein kleines Kalbsschnitzel (Seite 69) dazugeben. Da gibt es hundert Möglichkeiten und sicher schon einige Kochbücher!

Solltest Du im Winter ganz dringend Spargel machen wollen, es gibt wunderbaren Spargel in der Dose (teuer!!!). Nur heiß machen, schon ist er fertig und schmeckt wirklich gut.

Sollte Dir Spargel übrigbleiben, kannst Du genauso verfahren wie beim Blumenkohl: Gib etwas von dem restlichen Spargelwasser in Deine Einbrenne, und Du hast eine herrliche Suppe. Den restlichen Spargel schneidest Du in Stückchen und gibst ihn auch hinein.

Zum Gemüse ganz allgemein fällt mir eine schöne Geschichte ein. Jetzt reime ich schon!

Also: Ich war in einem teuren Restaurant, schwer sterneverdächtig, mit Freunden zum Essen. Unglücklicherweise hatte ich eine unstillbare Lust auf Gemüse. Auch die sicher anregende und tolle Speisekarte konnte mich von meinem Wunsch nicht abbringen. Ich erklärte dem Ober, daß bei allen Gerichten auf der Karte so wunderbare Gemüse als Beilage ständen, davon hätte ich gern, quer durch alle Töpfe, einen großen Teller voll; aber nur Gemüse – sonst nichts. Ohne mit der Wimper zu zucken nahm der Kellner meine Bestellung zur Kenntnis. Die Hauptgänge kamen. Alle Teller waren mit Clochen, das sind diese Abdeck- und Warmhaltedeckel, zugedeckt. Die Kellner, die hinter jedem Gast standen, nahmen wie auf ein unhörbares Kommando diese Clochen zur gleichen Zeit weg. Solche Szenen erinnern mich sowieso immer an Kino, und ich kann mir ein breites Grinsen nie verkneifen. Nun aber brach an unserem Tisch ein orkanartiges Gelächter aus. Völlig irritiert standen die Kellner um uns herum. Der Oberkellner schickte die jungen Kollegen mit einer Handbewegung weg und harrte mit eiserner Miene der Dinge, die jetzt kommen mußten. Der Grund unseres Heiterkeitsausbruches lag klar für alle sichtbar auf meinem Teller: In der Mitte ein Blumenkohlröschen, darum herum, sternenför- mig angeordnet, fünf winzige Karöttchen, über die schon der kleinste der sieben Zwerge sich totgelacht hätte. Dazwischen, mit meisterlicher Hand drapiert, vier winzige Rosenköhlchen; die Zwischenräume exakt ausgelegt mit zwölf Minierbsen und alles eingerahmt von zehn sooo kleinen und sooo grünen Bohnen, wie ich sie noch nie gesehen habe. Meinem Nachbarn nahm ich den Vorlegelöffel weg, schaufelte das gesamte künstlerische Gemüsearrangement auf den Löffel, der nicht mal zur Hälfte bedeckt war, schob ihn in den Mund, schluckte einmal und fragte den Kellner, von was ich mich denn jetzt ernähren solle. Ich bin mir sicher, daß der Kellner selbst erstaunt war über meinen »großen« Gemüseteller. Mit entwaffnender Höflichkeit erklärte er mir, daß es nicht seine Schuld sei, daß er meine Bestellung ordnungsgemäß weitergegeben habe. Aber er hätte das fast befürchtet, weil er wisse, daß in der Küche nur Künstler, das heißt natürlich Kochkünstler, am Herd stünden. Um jeden Ärger zu vermeiden, der uns vielleicht den schönen und lustigen Abend verdorben hätte, bestellte ich mir ein Gericht von der Karte, so wie es da zu lesen war, ohne jede Änderung, um die Künstler in der Küche bei Laune zu halten. Sie waren wirklich welche – die Köche in diesem Restaurant! Alle unsere Gerichte waren exzellent! Und trotzdem – wie gerne hätte ich einen schönen, tollen Gemüseteller gegessen!

Kohlrabi

Kohlrabi ist auch ein sehr leckeres Gemüse. Bei der Menge kommt es auf die Größe an, normalerweise genügen zwei Kohlrabi pro Person. Das Grün abschneiden und nicht wegwerfen, Du brauchst es noch. Mit dem Kartoffelschäler die Kohlrabi rundum schälen, die dicken Stellen, an denen die Blätter waren, schön glattschälen. Den Kohlrabi wie eine Kartoffel in die Hand nehmen und in Scheibchen schneiden, im Topf mit Wasser bedecken und, wenn es kocht, ein bißchen Salz und ein Stück Butter dazugeben. 20 Minuten kochen lassen, probieren. Abseihen, entweder einfach mit heißer Butter essen oder die Einbrenne (Seite 49) mit dem Kochwasser aufgießen und wie beim Spargel zwei Eidotter nach dem Abkühlen drangeben. Die aufgehobenen Blätter – nicht die ganz alten! – wie Petersilie ganz klein schneiden und über die Kohlrabi geben.

Spinat

Mit dem Spinat komme ich jetzt in Schwierigkeiten. Der tiefgekühlte ist nämlich ausgezeichnet, so daß ich kaum mehr frischen mache. Aber sicher sollst Du wissen, wie man Spinat kocht. Pro Nase brauchst Du ein gutes halbes Kilo. Du mußt nicht erschrecken über die Menge. Spinat kocht wahnsinnig ein, und am Schluß hast Du nur ein kleines Häufchen. Also: Spinat putzen, Blatt für Blatt angucken und in eine große Schüssel mit kaltem Wasser oder in die Spüle. Spinat vorsichtig waschen, damit Du die Blätter nicht zerdrückst. In einen halb mit Wasser gefüllten großen Topf geben, es macht nichts, wenn das Wasser den Spinat nicht bedeckt, er kocht zusammen. Überhaupt kein Salz darangeben. Zehn Minuten kochen lassen, in ein Sieb abgießen. Das Wasser kannst Du wegschütten. In einen anderen Topf viel Butter, Spinat in die heiße Butter, salzen und zwei Prisen Muskatnuß, durchschwenken und fertig.

Rahmspinat

Für Rahmspinat machst Du aus einem Eßlöffel Mehl die Einbrenne (Seite 49) und gibst anstatt Gemüsewasser zwei bis drei Eßlöffel süßen Rahm dazu. Den gekochten Spinat gibst Du auf Dein Fleischbrett und machst ihn mit dem Wiegemesser ganz klein. Dann gibst Du ihn in die fertige Soße. Salz und Muskatnuß und natürlich ein großes Stück Butter nicht vergessen. Aber wie am Anfang schon gesagt, der tiefgekühlte Blattspinat und der Rahmspinat sind hervorragend. Außer daß Du frühzeitig das Paket zum Auftauen rauslegen mußt, hast Du nicht viel Arbeit. Beim Blattspinat mußt Du nur probieren, ob Du ihn eventuell nachwürzen möchtest mit Salz, Muskatnuß und Butter.

Wirsing

Meinen Lieblingskohl gibt es natürlich auch gefroren, aber den habe ich noch nie probiert, weil es mir richtig Spaß macht, ihn zu kochen. Du kaufst einen großen Kopf Wirsing, machst die alten Blätter weg und schneidest ihn in der Mitte durch den Strunk durch. In beiden Hälften schneidest Du nun den Strunk vorsichtig raus und teilst die Hälften in zwei oder drei Teile, je nachdem, wie groß der Kohlkopf ist. Die Teile gibst Du in einen größeren Topf, mit Wasser bedecken und kochen lassen. Mindestens 30 Minuten, dann probieren. Es kann gut sein, daß Du noch mal zehn Minuten dazugeben mußt. Wirsing in ein Sieb abgießen, das Wasser kann weg. Aus zwei Eßlöffeln Mehl eine Einbrenne (Seite 49) machen und mit Fleischbrühe aufgießen. Wenn Du keine zur Hand hast, mache Dir eine mit Suppenwürfeln oder nimm Extrakt. Der Topf, in dem Du die Einbrenne machst, soll der sein, in den Du auch Deinen ganzen Wirsing reingeben kannst, also groß genug. Die Einbrenne muß dick und sämig sein. Auf dem Fleischbrett schneidest Du den Wirsing portionsweise mit dem Wiegemesser – wenn Du keines hast, kannst Du natürlich auch ein großes Fleischmesser nehmen – in kleine Stücke und gibst sie in die Einbrenne. Die Hitze kannst Du jetzt etwas höher stellen, aber Du mußt immer dabei stehen bleiben. Jetzt erst wird gesalzen, ein Kaffeelöfferl bodenbedeckt, also nicht sehr viel, weil durch die Brühe schon Salz drin ist. Muskatnuß darfst Du auch einen halben Kaffeelöffel voll hinzugeben und mindestens 100 Gramm Butter. Unter dauerndem Umrühren alles heiß werden lassen, es muß eine ganz dicke Masse sein und wird furchtbar vor sich hin blubbern. Diese Prozedur ist ein bißchen langweilig und dauert, aber der Wirsing brennt immens schnell an, und dann kannst Du ihn wegschmeißen – oder im Notfall einen anderen Topf nehmen – und das Angebrannte nicht mit in den neuen Topf geben.

Dazu gehört Tellerfleisch und Meerrettichsoße (Seite 80). Aber das haben wir erst später. Ich koche immer ein bißchen mehr Wirsing,

Zutaten:
1 Wirsingkohl
2 EL Mehl
Fleischbrühe
100 g Butter
Salz
Muskatnuß

weil ich schon während des Umrührens dauernd probieren muß – es schmeckt einfach so gut!!! Ich hoffe, Du lädst mich mal ein und kochst für mich die doppelte Portion.

Blaukraut

Blaukraut oder Rotkohl koche ich wirklich nie mehr selber. Ich kaufe eine Dose. Es gibt auch hier verschiedene Sorten, da mußt Du ausprobieren. Einen großen Löffel Palmin-Soft in den Topf, das Kraut hineingeben, etwas Wasser dazu. Dieselbe Menge Äpfel kaufen, wie Du Kraut hast. Die Äpfel schälen, teilen, Kernhaus raus und in längliche Schnitze schneiden. Von Anfang an dazugeben. Die Äpfel müssen richtig verkochen, eigentlich darf man sie im fertigen Kraut nicht mehr als solche identifizieren können. Das ist nämlich der Trick, alle werden Dich fragen, nach was denn das Kraut so gut schmeckt, und Du gibst die Lösung nicht preis. Alles muß mindestens eineinhalb Stunden kochen, salzen nicht vergessen, probieren. Eine Soße mußt Du nicht dazu machen, durch die Äpfel wird alles sehr sämig. Wenn Du Lust hast, kannst Du in der letzten halben Stunde noch einen großen Löffel Zucker dazugeben. Ich mag das liebend gern.

Sauerkraut

Das Sauerkraut koche ich sicher etwas anders als die meisten Hausfrauen. Es hat sich halt im Laufe der Zeit herausgestellt, daß meine Familie es so am liebsten mag. Also: 50 Gramm weißen Speck in kleine Würfel, etwa einen halben Zentimeter groß schneiden, in einen Topf einen Eßlöffel Palmin-Soft geben, zerlaufen und heiß werden lassen. Den Speck reingeben und unter dauerndem Umrühren Grieben machen. Sie sollten hellbraun werden – nicht schwarz! Eine kleine Dose »Minutenkraut« (das mit den Minuten ist Quatsch, aber das Kraut ist hervorragend) aufmachen und ganz vorsichtig mit einer

Gabel aus der Dose in den Topf mit dem Speck geben. Du mußt aufpassen, weil das Fett fürchterlich spritzt und Du leicht was abbekommst! Mit dem Kochlöffel einige Male umdrehen, richtig verwursteln mit den Grieben und ein paar Minuten auf dem Feuer stehen lassen. Wieder umdrehen, das Kraut soll schon ein bißchen anlegen, es darf hellbraun werden. Eine Tasse kaltes Wasser nehmen und ablöschen. Richtig herumrühren, daß auch der Boden von allem Angelegten sauber ist. Eine weitere Tasse Wasser dazu, es darf richtig suppig sein, und kochen lassen. Hitze nicht mehr so hoch, es soll so vor sich hin köcheln. Immer mal wieder umrühren, nachgucken, ob noch genug Flüssigkeit drin ist, sonst brennt Dir das herrliche Sauerkraut an. Beim ersten Aufkochen gibst Du mindestens 30 Gramm Butter dazu. Eine Stunde soll es jetzt kochen. Probieren, eventuell etwas Salz drangeben, fertig. Vor dem Servieren noch mal ein großes Stück Butter rein!

Mittlerweile hast Du sicher bemerkt, daß ich ungeheuer viel mit Butter koche. Das ist auch ganz aus der Mode, es schmeckt aber so gut!!!

Übrigens: Wirsing, Blaukraut und Sauerkraut schmecken am besten, wenn sie aufgewärmt sind. Du kannst sie ruhig zwei- oder dreimal wieder warm machen. Aber immer dabei stehen bleiben, diese dicken Gemüse brennen leicht an. Spinat solltest Du aufessen, schmeckt aufgewärmt nicht so gut. Soll auch nicht so gesund sein!

Vom Schwein, vom Kalb, vom Rind und auch was von den Innereien

Es ist sehr schwer – für mich eigentlich unmöglich –, über sich selbst zu schreiben, aber ich will es trotzdem versuchen.

In meinem Lokal, dem Alten Simpl, gab es ein kleines Gericht mit einer großen Geschichte. Es fing alles mit meinen Studenten an. Wenn die nach ihren Vorlesungen kamen, hatten sie großen Hunger und wenig Geld. Also mußte was Gutes gekocht werden, das satt macht und nicht zu teuer ist. »Dicke Linsen mit Würstchen« (Seite 112) fielen mir gleich ein, »Wiener Schnitzel« (Seite 67) mit Kartoffelsalat (Seite 129) als nächstes und natürlich »Fleischpflanzerl«, auch Buletten oder Frikadellen genannt. Letztere waren unglaublich beliebt im Alten Simpl.

Sehr häufig gab es Abende und Nächte, in denen die Pflanzerl ganz schnell aus waren. Und immer mehr Gäste haben mich nach dem Rezept gefragt, das ich auch wahrheitsgetreu weitergab, manchmal schrieb ich es sogar auf. Aber dennoch bekam ich wiederholt zu hören, ich hätte irgend etwas verschwiegen, die Pflanzerl seien nie so geworden wie bei mir in der Kneipe. Irgendwann wurde mir die ganze Geschichte langweilig und fad. Außerdem hatte ich das unbestimmte Gefühl, daß etwas auf mich zukäme, von dem ich nicht wußte, was es sei. Ich nahm die Pflanzerl einfach von der Karte. Es gab sie nicht mehr!!! Wehgeschrei und Gezeter waren groß, aber ich hatte eine wunderbare Ausrede parat: die Bayerische Hackfleischverordnung! Nach der – wenn man sie wörtlich nimmt – darf man das Fleisch erst durch den Fleischwolf drehen, wenn der Gast seine Bestellung aufgibt. Wie lange es dann dauert, bis die Pflanzerl verspeist werden können, brauche ich Dir nicht zu sagen. Die Gäste wären verhungert. Ich sagte aber immer so locker vor mich hin, auf Bestellung wäre das etwas anderes, da würde ich ab zehn Personen welche machen. Und so lief es dann auch. Die Vorbestellungen häuften sich, und es gab eigentlich kein Fest mehr, bei dem die Fleischpflanzerl nicht mit dabei waren – was auch immer der Anlaß des Festes war. Ich weiß ganz genau, daß ich manche Veranstaltung nur wegen der Pflanzerl bekommen habe, und wenn ich einem Gastgeber ein anderes Gericht vorschlagen wollte, weil es diese Dinger ja schon auf jeder Party im Simpl gäbe, kam mir blankes Entsetzen entgegen. Es kämen die Soundsos und die XYZs überhaupt nur mit der Zusicherung, daß es »Tonis Fleischpflanzerl« gäbe. Da hatte ich mir was eingebrockt! Aber – ich habe mitgespielt, und es war toll. Keinem Menschen habe ich jemals wieder das Rezept gesagt, habe ein großes Geheimnis und ein Riesenbrimborium darum gemacht.

Selbst die Bayerische Staatskanzlei, die über Jahre hinweg zu einem gemütlichen Abend der Bayerischen Staatsregierung mit Journalisten eingeladen hatte, machte die Pflanzerl immer zur Bedingung. Bis zu 400 Stück wurden da an einem langen Abend weggeputzt, dabei gab es sie beileibe nicht als Hauptgericht!

Bis aus dem Ausland und dem hohen Norden kamen Bitten um das Rezept, und wenn ich es genau überlege – ich hätte einen Versandhandel aufziehen können.

Ich hatte etwas verursacht, das ich nicht verstand und auch heute noch nicht verstehe, weil ich das Warum nicht weiß. Du wirst es ja nachher sehen – ich mache die Pflanzerl auch nicht anders als alle Hausfrauen. Da ich keine konkrete Idee habe, wieso dieses Gericht so ein ungeheurer Renner wurde, habe ich mir lange Gedanken darüber gemacht, was ein Grund gewesen sein könnte. Vielleicht lag es nur daran, daß die Pflanzerl immer ganz heiß beim Gast ankamen. Dies war aber allein ein logistisches Problem, das wir gut gelöst haben. Ich hatte zwei Haushaltsherde mit je vier Platten. Acht Pfannen auf dem Herd – acht Pflanzerl in jede Pfanne – 64 Stück waren fertig. In die heiße Röhre – das Backblech ganz mit Folie ausgeschlagen –, die

Pflanzerl mit Silberfolie abdecken. In 20 Minuten sind die nächsten 64 fertig, Teller sind schon mit Kartoffelsalat und Senf vorbereitet, und ab geht die Post zu den schmachtenden Gästen.

Aber vielleicht stimmen alle meine Gedankengänge nicht – ich weiß es einfach nicht. Vielleicht gibt es jemand, der mir diesen Mythos »Fleischpflanzerl« erklären kann.

Über dieses so äußerst brisante Thema habe ich mich neulich mit meinem Freund, dem Monaco Franze alias Helmut Fischer, sehr eindringlich unterhalten und ihn gebeten, sich doch ein paar Gedanken zu dieser so wichtigen Angelegenheit zu machen. Seine schriftlichen Ausführungen dazu möchte ich Dir nicht vorenthalten:

»Viel ist schon geratscht und geschrieben worden über Toni Netzles sagenhafte Fleischpflanzerl mit Kartoffelsalat. Man munkelte und tuschelte von Ohr zu Ohr und Mund zu Mund. Aber das Mysterium dieser rätselhaften Netzle-Schöpfung – noch hat es keiner zu enträtseln vermocht.

Was waren das jetzt eigentlich für Ingredienzen – Himmel, Herrgott, Sakra – diese begnadete Gewürzbeimengung zum Beispiel – wie ist denn das seinerzeit pflanzerlmäßig zugegangen in dera Küch? Keiner weiß es.

So nebenbei: Der Witzigmann versucht es jetzt auch, aber – na ja.

Ein böses Gerücht sagt, daß es die meisten Gäste nur wegen der Fleischpflanzerl in den Alten Simpl getrieben hat und nicht wegen dem freundlichen Wesen von unserem Netzle Tonerl. Nattergezische halt.

Aus ziemlich verbürgter Quelle heißt es aber dann wieder: Die Toni hätte eben dieses Gerücht selber verbreitet, um den Preis für die Fleischpflanzerl in die Höhe zu treiben.

Manche meinen gar, da sei womöglich ein Zauber zugange. Man solle doch einmal hineinschauen, Punkt zwölfe um Mitternacht, in diese abgründig schwarzen Toni-Netzle-Augen, die weit hineinreichen bis tief in die Sümpfe von Wladiwostok.

Lebensgefährte Ole tappt übrigens auch im dunkeln. Aber ihm ist das wurscht.

Die Passauer Neue Presse meldet: Der Pullacher Geheimdienst will sich jetzt endlich Gewißheit verschaffen, und seine Recherchen reichen hinunter bis zum Delta am unteren Nil.

Der israelische Top-Spion Wolfgang Lotz allerdings, befragt nach den Fähigkeiten des bundesdeutschen Geheimdienstes, meinte nur milde lächelnd: ›Ach Gotterle!‹

So werden wir halt weiter zuwarten müssen, bis es einmal heraus ist, das Geheimnis um Toni Netzles Fleischpflanzerl mit Kartoffelsalat.

Lüftet sie jetzt den enthüllenden Schleier in diesem Buch? Wär eigentlich schad.

»Helmut Fischer«

Danke, lieber Helmut, für Deine so weisen Zeilen – ob ich den Schleier lüften kann, weiß ich nicht ...

Hier jedenfalls endlich das Rezept, und wenn Du, liebe Stephanie, alles genauso machst, wie ich es schreibe, müßtest Du mich eigentlich enttarnen. Oder war es doch etwas anderes???

Fleischpflanzerl

Für die Fleischpflanzerl mußt Du ein halbes Kilo Hackfleisch (halb Schwein und halb Rind) einkaufen. Das gibt ungefähr acht bis zehn Pflanzerl, je nachdem, wie groß Du sie machst. Das Hackfleisch in eine Schüssel geben, eine mittelgroße Zwiebel kleinschneiden, dazugeben. Ein Bund Petersilie, auch ganz klein schneiden. Das machst Du am besten, indem Du mit der einen Hand die Petersilie vorne am Büschel richtig zusammenknuddelst, die Finger nach innen drückst und nur ein ganz klein bißchen Petersilie rausgucken läßt. Mit einem scharfen Messer von vorne weg abschneiden – aber Vorsicht! Immer mit den Fingern nachschieben. Wenn Du das am Anfang langsam machst, wirst Du Dir hoffentlich nicht in die Finger schneiden. Die Petersilie schneidest Du bis zu den Stielen ab, diese kannst Du wegwerfen. Sollte das alles nicht so richtig geklappt haben, dann nimm das Wiegemesser und wiege noch ein paarmal die Petersilie auf dem Brettchen hin und her. Petersilie auch in die Schüssel geben.

In eine neue Schüssel gibst Du bis zur Hälfte kaltes Wasser und legst zwei Semmeln (die sollten unbedingt vom Vortag sein) in das Wasser. Das sieht jetzt sehr doof aus, weil die Semmeln nicht untergehen. Sie sind zu leicht, deshalb schwimmen sie. Ich suche mir immer einen Topfdeckel, der innen in die Schüssel paßt, lege den auf die Semmeln und beschwere ihn mit einem Gewicht. Vielleicht hast Du gerade zwei ungeöffnete Konservendosen in der Nähe, die Du dazu verwenden kannst. Zehn Minuten ziehen lassen.

Dann nimmst Du eine Semmel mit der gewölbten Hand aus der Schüssel und drückst sie mit beiden Händen ganz vorsichtig aus. Zuerst wird Dir der Semmelteig zwischen den Fingern davonlaufen, Du mußt einfach ausprobieren, wie weit Du Deine Finger aufmachen kannst, damit nur das Wasser abläuft, nicht aber die nasse Semmel! Schau, daß Du soviel Wasser herausbringst wie nur möglich. Je trockener der Semmelteig, desto besser Deine Pflanzerl.

Wenn Du nur mehr eine dicke, »batzige« Kugel in der Hand hast, wirf sie in die Schüssel zum Fleisch. Hast Du die zwei Semmeln ausgedrückt, schlage ein ganzes Ei in die Schüssel, in der jetzt Fleisch, Zwiebeln, Petersilie und die ausgedrückten Semmeln sind. Einen halben Kaffeelöffel Salz und einen viertel mit Pfeffer gibst Du dazu sowie jeweils einen Kaffeelöffel mit getrocknetem Basilikum und Oregano. Eine Messerspitze mit Thymian darf auch nicht fehlen. Jetzt manschst Du alles mit der blanken Hand durch, bis eine dicke, glatte Masse entsteht. Sollte der Teig zu weich geworden sein – das merkst Du daran, daß Du keine richtige Kugel formen kannst –, gib noch mal eine eingeweichte und ausgedrückte alte Semmel dazu,

Zutaten:
500 g Hackfleisch gemischt
1 Zwiebel
1 Bund Petersilie
2 alte Semmeln
1 Ei
Salz
Pfeffer
Oregano
Basilikum
Thymian

sofern Du eine hast, oder, und das ist wirklich nur der Notfall, einen großen Eßlöffel mit Semmelbröseln. So wie ich Dich aber kenne, hast Du alle Semmeln richtig schön ausgedrückt, so daß der Teig gerade richtig ist. Deine rohe Masse mußt Du nun probieren, um festzustellen, ob genug Gewürze dran sind. Nichts darf vorschmecken, aber alles muß zu erahnen sein.

Nun nimmst Du Dein großes Fleischbrett und die Schüssel mit dem Fleischteig und gehst zu Deiner Spüle. Laß das kalte Wasser laufen, Hände naß machen, eine kleine Menge Fleisch herausnehmen und wie einen Schneeball formen. Ist er richtig rund, drückst Du von beiden Seiten mit den Handflächen zärtlich darauf, so daß die Kugel jetzt etwas breiter und oben und unten etwas flach ist. Aber Du weißt ja, wie Fleischpflanzerl aussehen müssen, gegessen hast Du sie ja schon oft. Ein Pflanzerl soll nicht mehr als sechs bis sieben Zentimeter Durchmesser haben – keine Sorge, Du mußt jetzt kein Lineal holen, das hast Du auch so im Gefühl!

Sie müssen auch nicht alle gleich groß sein, das lernst Du mit der Zeit, das ist reine Routine. Stelle eine große Pfanne auf Deinen Herd, und gib einen großen Löffel Palmin hinein. Der Boden der Pfanne muß gut mit Fett bedeckt sein, es darf richtig schön in der Pfanne »stehen«! Erst wenn das Fett richtig heiß ist, das Fleisch vorsichtig in die Pfanne geben, vielleicht mit einer kleinen Schaufel, das Fett spritzt ungeheuer.

Nach zwei bis drei Minuten nimmst Du zwei Pfannenwender und drehst Deine Pflanzerl behutsam um. Wieder große Spritzgefahr! Jetzt sind sie auf beiden Seiten angebraten, durch die große Hitze ist kaum Saft nach außen getreten, Hitze ein bißchen niedriger, und immer wieder vorsichtig umdrehen. Vielleicht mußt Du Deine Pflanzerl auch innerhalb der Pfanne versetzen, wenn die Hitze nicht gleichmäßig auf dem Pfannenboden verteilt ist. Aber das merkst Du selber. Das gibt es öfter, als man denkt, daß Pfannen nicht richtig oder nicht glatt auf der Platte aufliegen.

Nach zehn Minuten machst Du ein Pflanzerl auf, das heißt, Du nimmst eines aus der Pfanne und zerteilst es. Du siehst sofort, ob das ganze Fleisch durchgebraten ist oder nicht, schon an der Farbe. Ist das Pflanzerl innen noch rot – wieder rein in die Pfanne und noch ein paar Minuten weiterbrutzeln lassen. Die Konsistenz eines Pflanzerls muß außen sehr kroß und innen wunderbar weich sein.

Wie bei jeder Mahlzeit solltest Du den Tisch schon gedeckt haben, der Kartoffelsalat (Seite 129) sollte bereitstehen, denn jetzt muß sofort gegessen werden. Merke: Fleischpflanzerl schmecken am allerbesten, wenn sie ganz heiß, direkt aus der Pfanne serviert werden.

Ich erinnere mich gut, daß alle meine logistischen Ausarbeitungen bei Großeinsätzen für Pflanzerlvertilger nie genau stimmten. Die Pflanzerl haben auf geheimnisvolle Weise die kurze Reise von der Röhre auf den Teller des Gastes nicht überlebt, sie verschwanden wohl in den gierigen Mägen meiner Mitarbeiter! Das spricht doch am meisten für ihre Güte, oder?

Außer Kartoffelsalat kannst Du natürlich auch Rahmspinat (Seite 57) und Salzkartoffeln (Seite 32) dazugeben. Auch das schmeckt wunderbar.

Wiener Schnitzel

Gleich noch ein Gericht, das in meiner Kneipe ein riesiger Renner war: das Wiener Schnitzel, das gar kein echtes Wiener Schnitzel war. Das echte muß aus Kalbfleisch sein, unseres war aus der Oberschale vom Schwein. Laut einer Gaststättenverordnung muß ein Schnitzel, das als Wiener Schnitzel auf der Karte steht, vom Kalb sein. Ansonsten muß es den Zusatz haben »vom Schwein«, oder es muß heißen: »nach Wiener Art«. Ich kann mir nicht vorstellen, daß die Stadt Wien ein Patent darauf hat, weil das Wort »Wiener« nur die Bezeichnung dafür ist, daß das Fleisch paniert ist. Schon komisch, daß eine ganze Stadt einen Gebrauchsmusterschutz für eine Panade angemeldet haben soll! So weit, so blöd!

Also, wie schon gesagt, mein Schnitzel ist vom Schwein, und wenn Du lieber Kalbfleisch haben möchtest – die Machart ist die gleiche. Kaufe pro Nase eine Scheibe von der Oberschale, etwa 150 bis 180 Gramm. Du solltest Dir beim Einkaufen angewöhnen, immer zuzugucken, was der Metzger Dir abschneidet. Mit der Zeit kannst Du dann die verschiedenen Fleischsorten ganz leicht unterscheiden. Das ist reine Routine.

Die Scheiben auf ein Brett legen und mit dem Fleischklopfer breit schlagen, so dünn wie möglich. Auch den Rand nicht vergessen. Jetzt wird ein Aufschrei aus vielen Kehlen kommen: Damit zerstört man ja alle Fasern. Das ist richtig und mir egal, das Schnitzel muß groß sein und schmeckt deswegen genauso gut! Nach dem Klopfen (auf beiden Seiten) mit der Hand salzen und pfeffern. Aber nicht zu stark. Drei große Teller brauchst Du jetzt: einen Suppenteller und zwei flache. In den Suppenteller gibst Du ein ganzes Ei und verquirlst es mit einer Gabel. Das reicht für zwei Schnitzel. Auf einen der flachen Teller gibst Du zwei Löffel Mehl und verteilst es exakt über den ganzen Teller, inklusive Rand. Auf den anderen drei gehäufte Eßlöffel mit Semmelbröseln, auch gut verteilen. Die geklopften Schnitzel in das Mehl legen und fest andrücken. Die andere Seite genauso. Sei darauf bedacht, daß jede Stelle des Fleisches gut mit Mehl bedeckt ist. Kannst auch mit der Hand noch Mehl daraufgeben und wieder andrücken. Die Schnitzel müssen jetzt ganz mit Mehl bedeckt sein. Mit beiden Händen legst Du die Schnitzel nun eins nach dem anderen in den Teller mit dem Ei. Auch wieder fest andrücken, umdrehen, immer wieder, so daß alles mit Ei bedeckt ist. Durch das Mehl bleibt das Ei hängen. Wieder beide Hände benutzen und die Schnitzel in die Semmelbrösel legen (wie heißen die eigentlich bei unseren norddeutschen Stammesbrüdern?). Erneut fest andrücken. Umdrehen – andrücken. Nichts darf mehr vom rohen Fleisch zu sehen sein. Zurücklegen auf das Brettchen.

In die große Pfanne fingerdick ein Pflanzenöl geben, heiß werden lassen. Die Schnitzel reinlegen und sofort umdrehen, wieder umdrehen. Hitze runterschalten, auf beiden Seiten etwa drei bis vier Minuten braten lassen, und schon sind sie fertig. Das Fleisch muß aus der Pfanne direkt auf den Teller und ist zum sofortigen Verzehr bestimmt. Entweder Bayerischen Kartoffelsalat (Seite 130) dazu oder Mayonnaisenkartoffelsalat (Seite 130). Was ist das für ein toller Anblick, wenn ein so großes Schnitzel fast über den Tellerrand hinausragt! Unsere hungrigsten Gäste haben ihr Kommen telefonisch avisiert, damit sie nicht eine Minute auf diese Köstlichkeit warten mußten.

Apropos Telefon – mein größter Schnitzelverzehrer war Bernd Eichinger, der Boß der Constantin-Film. Als er das erste Mal für länge-

> **Zutaten:**
> *pro Person*
> *1 Scheibe (150 – 180 g) Schweinefleisch aus der Oberschale*
> *2 EL Mehl*
> *3 EL Semmelbrösel*
> *1 Ei*
> *Salz, Pfeffer*

re Zeit in Los Angeles lebte, rief er eines Morgens bei mir in der Kneipe an und bestellte vier Wiener Schnitzel mit Mayonnaisenkartoffelsalat und vier frische Pils. Ich fragte ihn, wann er denn käme, und er sagte ganz traurig: »In drei Wochen erst, aber wir haben so Heimweh und Sehnsucht nach deinem Schnitzel mit Pils!« Das hat sich wohl in der Zwischenzeit geändert. Bernd hat ein österreichisches Lokal gefunden, wo man das Schnitzel anfangs speziell für ihn zubereitete und – was nicht ausbleiben konnte – später für alle Gäste.

Rahmschnitzel

Zum Rahmschnitzel kaufst Du eine fingerdicke Scheibe von der Oberschale vom Schwein oder vom Kalb. In die mit Pflanzenfett erhitzte Pfanne eine halbe, kleingeschnittene Zwiebel geben, glasig werden lassen. Das bereits geklopfte – nicht so toll wie beim »Wiener« – gesalzene und gepfefferte Schnitzel in die Pfanne zu den Zwiebelchen geben, umdrehen – wieder umdrehen. Dauert drei bis vier Minuten, dann Schnitzel aus der Pfanne nehmen und zur Seite legen. Du kannst es jetzt nicht in der Pfanne brauchen, weil Du die Rahmsoße machen mußt. Den Schüttelbecher zur Hälfte mit Wasser füllen, einen knappen Kaffeelöffel Mehl dazu. Fest schütteln, den Inhalt unter ständigem Umrühren in die Pfanne geben. Kann sein, daß Du noch einen winzigen Schluck Wasser nachgeben mußt. Salzen, pfeffern und einen halben kleinen Becher süße Sahne mit einrühren. Das fertige Schnitzel wieder in die Soße legen, heiß werden lassen, und ab auf den Teller, Soße darüber und Nudeln dazu. Apropos Nudeln: Zur gleichen Zeit machst Du in einer anderen Pfanne die schon vorgekochten Nudeln mit ein bißchen Butter heiß. Immer durcheinanderwirbeln, Nudeln legen ganz schnell am Boden an. Für Soßengerichte nehme ich immer »griffige«, das sind solche, die Rillen haben, Spirelli zum Beispiel.

Zutaten:

pro Person
1 Scheibe Fleisch aus der Oberschale (Kalb oder Schwein)
1/2 Zwiebel
1 TL Mehl
1/2 Becher süße Sahne
Salz, Pfeffer

Vielleicht müssen die auch noch etwas nachgewürzt werden. Aber denke daran, sie wurden schon in Salzwasser gekocht. Ich lege das fertige Schnitzel während des Kochens der Soße immer in die Pfanne auf die Nudeln, dann bleibt es relativ warm!

Schnitzel Natur

Das Schnitzel Natur bereitest Du genauso wie das gebratene zu. Klopfen – nicht so viel – salzen, pfeffern. Mit dem Schnitzel legst Du zwei frische geviertelte Tomaten mit in die Pfanne und läßt sie mitbraten. Auch die Tomaten müssen immer wieder umgedreht werden. Nebenbei machst Du eine kleine Dose grüne Bohnen mit Butter heiß. Das fertige Schnitzel auf den Teller legen, die Tomatenstücke oben drauf, alles aus der Pfanne auskratzen und auch darübergeben, die grünen Bohnen daneben. Guten Appetit!

Schweinebraten

Es ist schon komisch: Immer wenn ich Freunde zu uns nach Hause zum Essen eingeladen habe und vorher so ein bisserl abgefragt habe, was jeder sich zu essen wünscht, um vielleicht ein Gericht zu finden, das allen gerecht wird, gab es über all die vielen Jahre weg immer nur eine eindeutige Antwort: Schweinebraten!

Das fing schon vor vielen Jahren an. Ein Freund Deines Großvaters, also des Papas Deines Vaters, war Anfang der 50er Jahre ein sehr berühmter Schlagerstar. Er heißt Frank Forster, und wenn man die Augen zumachte, glaubte man, Frank Sinatra singen zu hören. Der Vorname war der gleiche, die Karriere nicht. Eben dieser Frank Forster machte bei meinen Kindern immer den Nikolaus. Und anläßlich eines Nikolausfestes, Dein Vater war vielleicht fünf Jahre und seine Schwester drei, die anderen Kinder um den gleichen Dreh – alle glaubten noch eisern an den Nikolaus –, war die Aufregung entsprechend groß. Nur der Mann mit der Rute kam nicht. Dafür ein Anruf. Frank Forster war dran und sagte mit seiner herrlichen, tiefen Stimme: »Du, Toni, du kennst doch diesen netten jungen Sänger, den Udo, den ich immer mit auftreten lasse? Der würde so gerne mitkommen – er ist auch schon als Knecht Rupprecht angezogen. Weißt, ich habe ihm von deinem wunderbaren Schweinebraten erzählt, und den würde er auch so gerne probieren. Darf ich ihn mitbringen?« Natürlich durfte er. Auch hat er einen überaus lustigen Knecht Rupprecht gespielt und mit den Kindern viele Weihnachtslieder gesungen. Ja, ja, natürlich hat er sich mit Schweinebraten und Knödeln bis zum »Gehtnichtmehr« satt gegessen. Weißt Du, wer Udo ist? Seit vielen, vielen Jahren ein großer Star am europäischen Schlagerhimmel: Udo Jürgens. Und seit diesem »Schweinebraten-Abendessen« ein Freund unserer ganzen Familie. Seitdem verfolgt mich dieses herrliche bayerische Gericht sozusagen!

Noch eine Vorrede, bevor wir zum Wesentlichen kommen. Beim Schweinebraten fällt es mir besonders schwer, in kleinen Dimensionen zu denken. Eigentlich schmeckt er nur dann ganz besonders gut, wenn er im großen Stück gebraten wird. Aber ich will versuchen, mein Rezept auf einen kleinen Haushalt umzusetzen.
Du kaufst zwei Kilo Schweineschulter mit ganz dicker, fetter Schwarte. Da fängt das Problem schon an! Das gibt es nämlich kaum mehr, weil die Schweine blödsinnigerweise fettlos gezüchtet werden. Vielleicht findest Du einen Fleischer, wo Du so ein Stück bestellen kannst. Das Fleisch muß ohne Knochen zwei Kilo wiegen.
Außerdem brauchst Du noch eine Tomate, ein Grünzeug, eine Knoblauchzehe, eine Zwiebel, eine rohe Kartoffel und ein Päckchen Schweinebratensoße.
Der Metzger wird Dich fragen, ob er Dir die Schwarte einschneiden soll. Das beantwortest Du mit einem klaren Nein. Du machst es zu Hause selber. Das Fleisch auf ein Brett legen, mit einem richtig scharfen Fleischmesser schneidest Du alle ein bis zwei Zentimeter lange Linien in die Schwarte. Genau von einer Seite zur anderen. Das ist gar nicht so einfach, wie ich es jetzt beschreibe. Du darfst auch mal in das Fleisch mit reinschneiden, das macht nichts. Wenn Du fertig bist, drehst Du das Fleisch zur Seite und schneidest wieder von

oben nach unten, so daß Du jetzt lauter kleine Karrees aus der Schwarte gemacht hast. Diese Arbeit ist sehr wichtig und zum Gelingen des Bratens absolut notwendig. Deine Röhre stellst Du auf 250 Grad. Den Rost, auf den Du später Deine Bratreine stellen wirst, schiebe so rein, daß die Reine dann genau in der Mitte steht.

Die große Fleischreine stellst Du auf die Herdplatte mit der größten Hitze. Zwei Eßlöffel Palmin rein, heiß werden lassen. In der Zwischenzeit nimmst Du Salz und Pfeffer und streust es mit der Hand auf das Fleisch, von unten auch, und die Schwarte nicht vergessen. Wenn das Fett in der Reine ganz heiß ist, gibst Du das Fleisch »kopfüber« rein, das heißt, mit der Speckseite nach unten. Ein paar Minuten anbraten lassen. Mit dem Wender unten durchfahren, vorsichtig, daß Du die schönen Speckstückchen nicht abreißt. Mittels Fleischgabel, die Du von der Seite aus in das Fleisch stichst, und dem Wender, den Du darunterschiebst, drehe das Fleisch um. Jetzt liegt es richtig herum in der Reine. Diese ganze Prozedur ist ein bisserl schwierig. Leicht fällt alles aus der Hand, weil die Balance nicht stimmt, oder aber das Fett spritzt hoch. Mein Gott – Kochen hat schon ein wenig mit Jonglieren zu tun!!!

Das Fleisch auf der anderen Seite auch anbraten lassen. Fünf bis zehn Minuten, kommt sehr auf die Hitze an. Immer mal wieder mit dem Wender unten durchfahren, damit nichts anbrennt. Aber braun muß das Fleisch schon werden. Als nächstes nimmst Du eine große Tasse kaltes Wasser und gießt es in die Reine, nicht über das Fleisch, sondern an der Seite reingießen. Das zischt und brutzelt jetzt enorm. Mit dem Wender den ganzen Boden richtig abkratzen, die Flüssigkeit muß eigentlich jetzt braun sein. Das Fleisch darf am Boden nicht mehr fest anliegen. Die Reine bis zur Hälfte des Bratens mit kaltem Wasser auffüllen. Jeweils eine halbe Tomate (ungeschält), ein halbes Grünzeug (einfach in der Mitte durchschneiden), eine halbe Knoblauchzehe (geschält), eine halbe Zwiebel (natürlich auch geschält), eine halbe rohe Kartoffel (auch ohne Schale) und, wenn Du zufällig hast,

Zutaten:
2 kg Schweineschulter mit Schwarte
1 kleiner Rinderknochen
1 Grünzeug
1 Knoblauchzehe
1 rohe Kartoffel
1 Päckchen Scweinebratensoße
Salz, Pfeffer

einen kleinen Rinderknochen. Wenn nicht, gib einen halben Kaffeelöffel gekörnte Brühe dazu. Das alles rechts und links vom Braten in das Wasser geben und zum Kochen bringen. Dann runter vom Feuer und mit einem Stück Alufolie abdecken, so daß sie auf allen vier Seiten weit über Fleisch und Reine herunterhängt. Mit dem Finger ein bißchen andrücken, daß sie nicht wegsteht. Vorsicht, die Reine ist sehr heiß – also, Topflappen oder Spültücher sind angesagt. Ohne was zu verschütten, in die Röhre schieben, Hitze auf 250 Grad lassen, Türe zu. 90 Minuten brauchst Du Dich nun nicht mehr um Deinen Braten zu kümmern.

In der Zwischenzeit kannst Du Deine Semmelknödel (Seite 45) machen. Das Blaukraut (Seite 59) mit den vielen Äpfeln solltest Du, wenn irgend möglich, schon am Vortag gekocht haben, so daß Du es nur mehr warm zu machen brauchst.

Nach 90 Minuten nimmst Du einfach die Folie von dem Braten ab, Röhre wieder schließen. Solltest Du an Deiner Röhre Oberhitze haben, schalte sie jetzt ein, ist aber nicht lebensnotwendig. Den Braten nun ungefähr noch 15 bis 20 Minuten in der Röhre lassen, je nachdem, wie hoch die Hitze ist. Die Schwarte muß richtig schön braun werden und knusprig. Übrigens: Mache es ja nicht wie ich – ich bilde mir immer ein, ich müsse diese wunderbaren Dinger unbedingt probieren! Einmal angefangen, hörst Du nie mehr auf, und am Schluß ist Dein Braten ohne diese herrlichen »Kruspies«, wie meine Kinder sie immer genannt haben.

Wenn Du das Gefühl hast – Du kannst es ja auch sehen –, daß die Schwarte schön rösch ist, stich mit der Fleischgabel bis in die Mitte des Bratens. Wenn sie ganz leicht wieder rausgeht, ist das Fleisch fertig. Wenn am Einstich noch ein wenig Blut mitkommt, mußt Du die Folie wieder auf das Fleisch legen, die Oberhitze ausschalten und es noch ein Viertelstündchen schmoren lassen. Dann noch mal Gabelprobe machen.

In einen nicht zu kleinen Topf gibst Du das Päckchen Schweinebratensoße und verrührst es mit dem Schneebesen mit einer Tasse kaltem Wasser. Kein Knöllchen darf mehr drin sein. Noch mal eine Tasse Wasser dazugeben und unter ständigem Rühren aufkochen lassen. Feuer ganz klein, die Soße muß jetzt nur mehr ziehen.

Wenn der Braten fertig ist, sollte auch alles andere fertig sein. Bevor Du das Fleisch aus der Röhre nimmst, stelle schon mal die Knödel, das Apfelblaukraut und den Salat auf den Tisch. Deine Gäste können schon anfangen, sich zu nehmen, denn dann muß alles sehr schnell gehen. Braten aus der Röhre, mittels Fleischgabel und Wender ganz vorsichtig auf die Fleischplatte heben, die Flüssigkeit aus der Reine durch ein Sieb in das vorbereitete Soßentöpfchen schütten und einmal aufkochen lassen, durchrühren und in die Sauciere. Das Fleisch nimmst Du im Ganzen auf den Tisch mit, bewaffnet mit Fleischmesser und Fleischgabel. Das Ahhhh und Ohhhh ob des wunderbaren Anblicks wird nicht ausbleiben. Das sollst Du Dir nach all der Mühe auch nicht entgehen lassen!

Schwer tue ich mir allerdings, Dir jetzt zu erklären, wie Du das Fleisch schneiden sollst, weil ich nicht weiß, was Du für ein Stück bekommen hast. Normalerweise mußt Du es der Breitseite nach schneiden, immer gegen die Faser – aber wo ist die? Du mußt es ausprobieren. Im allgemeinen siehst Du es. Wenn Du das Fleisch mit der Faser schneidest, fällt es auseinander. Im übrigen: Schmecken tut es genauso gut, auch wenn es falsch geschnitten ist – vielleicht sieht es nicht so gut auf dem Teller aus!

Und spätestens nach Deinem »Guten Appetit« wirst Du kein vernünftiges Gespräch mehr hören, weil Deine Gäste ganz in sich gekehrt den herrlichen Schweinebraten genießen.

Mein Gott, was haben wir für schöne Abende mit diesem Gericht verbracht! Bis Mitternacht wurde geschlemmt, und anschließend saßen alle, unfähig, sich noch zu bewegen, mit ihren dicken Bäuchen in der Runde.

Koteletts

Koteletts gibt es vom Kalb oder Schwein. Es ist eine reine Geschmackssache, für was Du Dich entscheidest. Ein Kalbskotelett ist natürlich viel magerer, hat auch weniger Kalorien. Ein Kotelett vom Schwein ist saftiger und wesentlich intensiver im Geschmack.

Beide Koteletts kannst Du genauso wie ein Wiener Schnitzel (Seite 67) machen. Beim Einkaufen solltest Du aufpassen, daß die Koteletts noch den Knochen dran haben. Das ist doch fast das Beste an diesem Stück Fleisch, den Knochen abzunagen! Auch so eine »tolle« Neuerung, daß das Fleisch fast nur mehr ohne diese wunderbar schmeckenden Knochen angeboten wird. Im übrigen darf man sogar in einem Lokal den Knochen in die Hand nehmen, um ihn rundum abzunagen! Dafür hat man schließlich die Servietten erfunden.

Ein paniertes Kotelett vom Schwein, kalt gegessen, mit Senf und einem Stück Baguette, schmeckt herrlich. Wenn ich wußte, daß uns wieder eine lange Nacht ins Haus stehen würde, habe ich oft einen Berg panierter Koteletts gemacht, Senf und Brot dazugestellt, und jeder, der Hunger hatte, hat sich selbst bedient. Keiner war groß in der Küche beschäftigt, der Abwasch hielt sich auch in Grenzen, denn die Koteletts werden einfach mit einer Papierserviette aus der Hand gegessen.

Gulasch

Für das Gulasch kaufst Du am besten ein halbes Pfund Rinderrose, ein halbes Pfund Schweineschnitzel und genausoviel Kalbsschnitzel. Das Fleisch schneidest Du in drei Zentimeter dicke Scheiben und machst drei bis vier Zentimeter dicke Würfel daraus. Jetzt nimmst Du einen großen, breiten Topf, gibst zwei Eßlöffel Palmin rein. In das heiße Fett gibst Du zwei normal große, kleingeschnittene Zwiebeln und läßt sie hellgelb werden. Das heißt »glasig«, weil man fast durchgucken kann. Immer mit dem Kochlöffel umdrehen, damit sie nicht schwarz werden. Zuerst gibst Du nun das Rindfleisch zu den Zwiebeln und läßt es anbraten. Immer wieder wenden! Nach zehn Minuten das Schweinefleisch dazu – alles umdrehen –, nach weiteren fünf Minuten das Kalbfleisch. Richtig gut anbraten. Das Fleisch darf schön braun werden, und auch am Boden des Topfes darf sich eine braune Schicht bilden. Trotzdem immer wieder alles durcheinanderwirbeln. Für ein paar Minuten kannst Du auch den Deckel auf den

Topf geben, damit Du nachher einen schönen »Fond« bekommst, das ist das ein bißchen Angebratene am Boden des Topfes. Einen halben Liter kaltes Wasser dazu. Das nennt man »ablöschen«. Mit dem Kochlöffel richtig auf dem Boden kratzen, eigentlich darf jetzt nichts

Zutaten:
250 g Rinderrose
250 g Schweine-
schnitzel
250 g Kalbs-
schnitzel
2 Zwiebeln
1 Grünzeug
3 Tomaten
1 kleine Dose
geschälte Tomaten
1 Knoblauchzehe
3 EL Ketchup
1 EL Tomatenmark
Salz, Pfeffer
Paprika
(süß und scharf)

mehr am Boden festkleben. Aufkochen lassen und noch einen halben Liter kaltes Wasser dazu. Jetzt kommt ein Grünzeug rein, ebenso drei geviertelte Tomaten, eine geschälte Knoblauchzehe, drei Eßlöffel Ketchup, ein Eßlöffel Tomatenmark, ein Kaffeelöffel Salz, Pfeffer, scharfer und süßer Paprika. Nun eine kleine Dose geschälte Tomaten im Suppen-teller zerdrücken und auch dazu; umrühren, Deckel drauf, aufkochen lassen. Vorsicht, daß nichts überläuft. Hitze ein bißchen wegneh-men, es muß zwar kochen, aber nicht so stark. 90 Minuten kochen lassen, aber immer mal nachsehen und umrühren, das Wasser ver-dampft sehr schnell. Wenn Du merkst, daß Wasser fehlt, schütte einfach neues nach. Zum

Schluß nimmst Du das Grünzeug und die Knoblauchzehe mit einer Lochkelle raus und wirfst es weg. Sollte die Soße zu dünn sein, gib auf den Kochlöffel ein bißchen Mehl, halte ihn in der Hand und lasse ihn über dem Topf kreisen. Mit der anderen Hand klopfst Du zärtlich auf den Stiel, bis das Mehl im Topf ist. Das nennt man »stauben«. Gleich wieder umrühren. Als allerletztes probierst Du, vielleicht mußt Du noch nachwürzen. Vorsicht mit Pfeffer, der zieht sehr nach, das heißt, wenn Du das Gulasch aufwärmst, schmeckt der Pfeffer schnell vor. Vor dem Servieren noch einen halben Becher süße Sahne dran, und fertig ist Dein sensationelles Gulasch. Dazu Kartoffeln in jeder Form oder auch Nudeln. Wie es Dir am liebsten ist.

Schmorbraten

Du kennst ja schon mein Dilemma mit den kleinen Portionen. Beim nächsten Rezept muß ich einfach etwas mehr Fleisch nehmen, sonst wird das nichts. Also, auf zum Schmorbraten:

Mindestens drei Pfund von der Rindernuß kaufen. Eine generelle Anmerkung noch zum Fleischer oder Metzger: Du solltest Dein Fleisch eigentlich immer bei dem gleichen kaufen, damit Du Dich auch mal beschweren kannst, wenn sie Dir ein nicht so gutes Stück verkauft haben. Stammkunde zu sein ist gerade da sehr wichtig!

Das Fleisch mit kaltem Wasser abwaschen und mit Küchenkrepp trocknen. In einem großen, breiten Topf zwei Eßlöffel Palmin heiß werden lassen, das Stück Fleisch von jeder Seite kurz anbraten. Nicht mit der Fleischgabel hineinstechen, weil dann der Saft rausläuft! Mit dem Wender oder der flachen Lochkelle umwenden – es wird wieder eine artistische Einlage, wie schon so oft! Danach mit etwa einem Viertelliter kaltem Wasser ablöschen. In den Fond kommt jetzt: eine halbierte Zwiebel, eine geschälte Knoblauchzehe und drei bis vier Wacholderbeeren. Die Bratenoberseite salzen und pfeffern, auch ein paarmal mit der Pfeffermühle, die gröber mahlt, drübergehen. Zugedeckt etwa 20 Minuten köcheln lassen, das heißt, die Hitze darf nicht sehr groß sein. Fleisch umdrehen, wieder, wie gehabt, Oberseite würzen. Abdecken und köcheln lassen. Nach 20 Minuten das Fleisch auf die Seite legen. Dasselbe Spiel mit den Gewürzen noch mal. Und die vierte Seite nicht vergessen! Der ganze Braten braucht ungefähr zwei Stunden, aber in der letzten Phase solltest Du ihn immer wieder umdrehen. Öfter nach dem Wasser gucken, es sollte immer drei Zentimeter hoch im Topf stehen. Nachgießen, was fehlt. Nun einen Schüttelbecher halb mit Wasser füllen, ein kleines Päckchen Rinderbratensoße dazu, Deckel drauf und schütteln, bis kein Klümpchen mehr zu sehen ist. Die Soße zum Braten geben und zehn Minuten leise köcheln lassen. Dann den Braten auf ein Brett geben

Zutaten:
1,5 kg von der Rindernuß
1 Zwiebel
1 Knoblauchzehe
3 – 4 Wacholderbeeren
1 Päckchen Rinderbratensoße
1 Becher süße Sahne
Salz, Pfeffer

und in fingerdicke Scheiben schneiden. Nicht mit der Faser – sondern dagegen!!! Zum Schluß schüttest Du noch einen Becher süße Sahne rein – etwa einen Viertelliter – und mit dem Schneebesen durchrühren. Nun legst Du die Fleischscheiben wieder in die Soße, läßt sie nur heiß werden, und bringst sie zu Tisch. Die Beilagen müssen vorher schon fertig sein, Kartoffeln oder Nudeln, wenn Du willst, auch ein Baguette, schmecken sehr gut dazu.

Sauerbraten

Für Sauerbraten kaufe eineinhalb Kilogramm Rouladenfleisch vom Rind. Das ist saftig und mager. Du solltest es zwei Tage vor dem Verbrauch kaufen, weil es so lange ziehen muß.

In eine große Schüssel gibst Du zwei Liter Wasser, mindestens vier Eßlöffel Essig, einen kleinen Löffel Zucker, eine geschälte und halbierte Zwiebel, acht bis zehn Pfefferkörner, ein Lorbeerblatt, fünf Wacholderbeeren getrocknet, einen kleinen Löffel Salz und Pfeffer und einen geschälten, halbierten Apfel ohne Kernhaus. Nachdem Du das Stück Fleisch kalt abgewaschen hast, gibst Du es in die Schüssel mit dem Sud. Das Wasser muß unbedingt das ganze Fleisch bedecken. Kein rohes Fleisch darf rausgucken! Einen großen Deckel auf die Schüssel und ziehen lassen. Der Braten nimmt jetzt eine gräuliche Farbe an. Nicht erschrecken – das ist richtig so. Während der zwei Tage den Braten immer mal auf eine andere Seite legen – aber nicht anstechen, sonst fließt der Saft raus! Probiere zwischendurch öfter mal den Sud, vielleicht mußt Du noch mal Essig nachgeben. Richtig sauer soll das schmecken. Zubereitet wird der Sauerbraten genauso wie der Schmorbraten (Seite 77). Immer wieder mit dem Sud (anstatt Wasser) aufgießen, so daß die Flüssigkeit im

Zutaten:
1,5 kg Rouladenfleisch vom Rind
4 EL Essig
1 TL Zucker
1 Zwiebel
8–10 Pfefferkörner
1 Lorbeerblatt
5 Wacholderbeeren
1/2 Apfel
evtl. Backpflaumen
1 Päckchen Sauerbratensoße
1 kleiner Becher saure Sahne
Salz, Pfeffer

Topf so drei bis vier Zentimeter hoch vor sich hin brutzelt. Wenn Du magst, kannst Du auch noch ein paar getrocknete Backpflaumen in den Topf mit reingeben. Aber sei gewappnet, wenn Du sie ißt, sie regen die Darmtätigkeit enorm an!!!

Um die Soße fertig zu machen, brauchst Du ein Päckchen Sauerbratensoße. Die gibst Du in den Schüttelbecher mit Wasser, schütteln und rein in den Topf, zehn Minuten köcheln lassen. Fleisch rausnehmen, auf ein Brett legen und in dicke Scheiben schneiden.

In die Soße gibst Du einen kleine Becher saure Sahne. Nun abschmecken, kann sein, daß ein wenig Salz fehlt – gib es noch dazu – unsere berühmte Prise! Die geschnittenen Scheiben Fleisch wieder in den Topf legen und noch etwa zehn Minuten ziehen lassen. Fertig. Dazu solltest du Semmelknödel machen und Blau- oder Sauerkraut.

Tafelspitz

Und jetzt greifen wir die Wiener an: Deren Tafelspitz ist ja weltberühmt. Es gibt sogar einen ganz besonders guten und lustigen Film von Xaver Schwarzenberger, der so heißt. Den solltest Du anschauen! Natürlich findet das Protagonistenpaar über die Zubereitung dieses wunderbaren Gerichts zueinander! Ich bin ganz sicher, daß auch Du in der Lage sein wirst, mit dieser Köstlichkeit Deine Gäste zu verwöhnen.

Beim Fleischer verlangst Du eineinhalb Kilogramm Tafelspitz. In Bayern heißt das Fleisch, das vom Rind ist, schon so, in allen anderen Bundesländern mußt Du vielleicht erklären, was Du haben möchtest: Es heißt auch Rosenspitz, und wenn auch das nichts hilft: Es ist die Verlängerung von der unteren Keule. Also nun wird jeder wissen, was Du für ein Fleisch kaufen willst. In großer Not kannst Du auch das Fleisch von der Rose oder Rouladenfleisch nehmen. Das schmeckt auch sehr gut, nur ist es dann kein echter Tafelspitz mehr. Wir nennen das auch Tellerfleisch.

Den großen, hohen Topf, halb gefüllt mit ganz normaler Rinderbrühe (Seite 23), aufstellen. Die Brühe gut eine Stunde kochen lassen, dann auf ganz große Hitze stellen, so daß es richtig sprudelt. Das Stück Fleisch hineingeben und noch ein bißchen bei großer Hitze weiterkochen lassen. Das ist ganz wichtig, damit sich die Poren zusammenziehen und kein Saft austritt, nur so bleibt das Fleisch saftig. Hitze runterschalten, eineinhalb Stunden weiterkochen. Dann kannst Du die Gabelprobe machen. Mit der Fleischgabel reinstechen, wenn sie leicht wieder rausgeht, ist das Fleisch fertig.

Dazu solltest Du unbedingt eine **Meerrettichsoße** machen: Einbrenne (Seite 49) aus zwei gehäuften Kaffeelöffeln Mehl, aufkochen lassen und fünf Minuten ziehen lassen. Mit Fleischbrühe immer wieder aufgießen. Topf vom Herd nehmen und mit dem Schneebesen zwei große Eßlöffel Meerrettich aus dem Glas dazugeben, verrühren.

> *Zutaten:*
> *1,5 kg Tafelspitz*
> *Einbrenne*
> *Fleischbrühe*
> *2 EL Meerettich*
> *30 g Butter*

Sollte die Soße zu dick werden, immer wieder mit Brühe nachgießen, einmal aufkochen lassen. Vor dem Servieren mindestens 30 Gramm frische Butter reingeben. Blattspinat oder auch Rahmspinat (Seite 57) und Salzkartoffeln dazu (Seite 32). Kannst mich gleich zum Essen einladen, aber sonst niemand mehr – weil ich, bis ich platze, alles verspeisen werde!

Als Alternative kannst Du auch eine **Dillsoße** dazu machen: Die Einbrenne wie zur Meerrettichsoße, mit Fleischbrühe aufgießen und einen Kaffeelöffel getrockneten oder frischen Dill hineingeben. Fünf Minuten ziehen lassen, vom Feuer nehmen, mit dem Schneebesen rühren, damit die Soße etwas abkühlt. Zwei Eidotter langsam einrühren, zwei Eßlöffel süße Sahne und natürlich das große Stück Butter kurz vor dem Servieren nicht vergessen! Das schmeckt wunderbar.

Roastbeef

Schon wieder fällt mir ein Lieblingsessen von mir ein: Roastbeef. Da solltest Du wirklich ein wenig mehr machen, sonst gelingt es nicht so gut. Also, zwei Kilogramm Rinderlende. Wenn es irgend möglich ist, sollte die Lende »abgehängt« sein, also nicht mehr ganz frisch. Dazu kaufst Du ein halbes Kilogramm weißen Speck, der hoch und breit sein sollte, damit Du große Scheiben herausbekommst. Vom Speck die Schwarte abschneiden. Das machst Du am besten, indem Du eine Hand flach auf die Schwarte legst und den Speck auf das Brett drückst. Das schärfste Messer, das Du besitzt, legst Du unter die Haut und trennst vorsichtig die Schwarte ab. Dann schneidest Du vom Speck lauter dünne Streifen der Länge nach ab. Je länger die Streifen sind, desto leichter hast Du es nachher beim Einwickeln des Fleisches. Auf das Brett reihst Du die Streifen in der Größe des Fleisches ganz nah aneinander, legst das Fleisch darauf und klappst die vorstehenden Enden an der Seite hoch. Fest an das Fleisch hindrücken, dann bleiben sie fast kleben. Von oben belegst Du das Fleisch eben-

> Zutaten:
> **2 kg Rinderlende**
> **500 g weißen Speck**
> **2 EL süße Sahne**

falls mit Speckstreifen. Auch an den vier Schmalseiten. Ein richtiges Paket machen. Vorsichtig in die Mitte des Backrostes hieven. Die Röhre muß auf 250 Grad vorgeheizt sein. Erst dann das Roastbeef so reinscheiben, daß es sich genau in der Mitte des Rohrs befindet, Türe zu und erst nach 40 Minuten wieder aufmachen. Bitte, sehr exakt die Zeit einhalten! O Gott! Ich habe was ganz Wichtiges vergessen: Unter den Rost mit dem Fleisch mußt Du natürlich ein Backblech mit Rand schieben, in das das Fett runtertropfen kann.

Also, das Fleisch mit der Fleischgabel aus der Röhre nehmen und auf ein Brett geben. Du kannst es hier ab der schmalen Seite hauchdünn aufschneiden, oder Du gibst es auf die Fleischplatte und schneidest es erst am Tisch. So mache ich es immer, weil ich weiß, daß es dann ganz heiß auf die Teller kommt. Der Speck ist fast ganz verbrutzelt, die Reste kannst Du nach Belieben entfernen oder mitservieren. Die Soße aus dem Blech im Rohr verwendest Du auch. Gieße sie in ein Töpfchen, noch mal heiß werden lassen, einen Löffel Brühe dazu und am Schluß zwei Eßlöffel süße Sahne. Schmeckt ganz toll. Zu dem

Roastbeef gibt es entweder Bratkartoffeln oder, so wie ich es am liebsten esse, Spätzle vom Brett (Seite 42) und viel Gemüse (Karotten, Bohnen, Erbsen). Eigentlich brauche ich dann nichts mehr zum Leben!!!

Merke: Das Fleisch muß innen noch ein bißchen blutig sein. An den beiden Enden ist es sicher durch, aber in der Mitte muß ein ganzes Stück noch rosarot sein. Wenn das nicht der Fall ist, dann hat etwas mit der Zeit nicht gestimmt, oder die Röhre war zu heiß. Das nächste Mal besser aufpassen!

Das Roastbeef, das übrigbleibt, kannst Du wunderbar am nächsten Tag verwenden. Mit der Brotmaschine hauchdünn aufschneiden, Bratkartoffeln (Seite 33) und eine Remouladensoße dazu. Die brauchst Du nicht selber herstellen, es gibt ausgezeichnete im Glas.

Ich möchte Dir noch erzählen, warum ich dieses Gericht so gerne esse, daß es wirklich zu meinen Lieblingsgerichten gehört. Viele Erinnerungen sind damit verbunden. Bei meinen Eltern zu Hause gab es dieses Essen immer an Weihnachten. Die Spätzle, das einzige, was wirklich Arbeit macht, wurden schon am Vortag vom Brett geschabt, der Speck war auch schon geschnitten, das Einwickeln der Lende geht ja relativ schnell. Niemand war also am Heiligen Abend groß in der Küche beschäftigt. Den Eßtisch durften wir Kinder vor der Bescherung decken und dekorieren, zuerst natürlich nur helfenderweise, später dann nach unseren Vorstellungen ganz alleine. Wir waren beschäftigt, das »Warten auf das Christkind« verging da im Nu. Unsere Mutter bestellte die Lende schon immer Ende November. Der Fleischer hängte das Fleisch für ein paar Wochen in die Eiskammer, damit es wirklich gut abgehangen war. Es wirkt vielleicht komisch, wenn ich Dir erzähle, daß wir Kinder immer nachgefragt haben, ob denn das Fleisch für Weihnachten schon bestellt sei, aber für uns waren diese wunderbaren Mahlzeiten ein Bestandteil der Zeremonie.

Diese Abende waren unsagbar schön und fröhlich. Wir Kinder durften unsere Geschenke mit an den Eßtisch nehmen. Alle redeten durcheinander, und selbst die strengen Großmütter ließen große Milde walten. Wir durften aufbleiben bis zum Umfallen – irgend jemand hat uns dann in unsere Bettchen getragen. Jedes »Roastbeefessen« erinnert mich deshalb an meine Kindheit. Gern hole ich mir meine Erinnerungen zurück, und manchmal befällt mich auch ein bißchen Trauer, weil das in meiner eigenen Familie nicht mehr so richtig geklappt hat.

Aber bevor ich jetzt als eine sentimentale Großmutter vor Dir stehe, machen wir lieber weiter mit einem neuen Rezept.

Rinderlende

Von der Rinderlende kannst Du ein sehr schnelles Essen zaubern. Beim Fleischer kaufst Du zwei Zentimeter dicke Lendenschnitten, schneidest den Rand mit einem scharfen Messer alle drei bis vier Zentimeter bis zum Fleisch ein, damit es sich in der Pfanne nicht zusammenzieht. In eine heiße Pfanne mit Pflanzenfett geben, sofort umdrehen, auf beiden Seiten anbraten lassen, damit der Saft im Fleisch bleibt, Hitze etwas runterschalten und noch mal auf jeder Seite drei Minuten braten. Sollte innen noch rosa sein. Vorher dünstest Du in einer anderen Pfanne eine kleingeschnittene Zwiebel »glasig«. Das Fleisch erst salzen und pfeffern, wenn Du es auf den Teller gibst. Die Zwiebeln auf das Fleisch geben, auch den Saft aus der Pfanne. Als Beilage Gemüse (Seite 50–60) und Kartoffeln (Seite 31–33), aber auch Nudeln (Seite 41) sind sehr gut. Und das Salz nicht vergessen! Natürlich gibt es auch eine Kalbslende. Die Machart ist die gleiche, das Fleisch ist teurer, dafür kalorienärmer und meiner Meinung nach im Geschmack langweilig.

Filet

Ich bin ein leidenschaftlicher Freund eines großen Stücks Rinderfilet. Eigentlich esse ich sehr wenig Fleisch, aber über so ein Stück Filet mache ich mich ein- oder zweimal im Jahr her wie ein kleiner Barbar. Das Filet muß wirklich vom Rind sein. Schau das Fleisch an, das Du kaufst. Es ist vorne breit und läuft nach hinten spitz aus. Verzichte lieber, wenn Du siehst, daß Dir der Fleischer ein anderes Stück Fleisch verkaufen will. 200 Gramm sollte ein Stück schon haben. Zu Hause machst Du das Fleisch außen herum sauber, das heißt, Du schneidest mit einem scharfen kleinen Messer die Haut weg. Einschneiden und abschaben, ein Stückchen Haut in die Hand nehmen und mit dem Messer vom Fleisch wegschaben. So geht Dir am wenigsten verloren. Sollte noch ein Stück Sehne in dem Fleisch sein, schneide sie sehr vorsichtig raus. Dann machst Du mit der Hand eine Faust und schlägst mit den Knöcheln Deiner Finger ein bißchen auf das Fleisch. Nicht hart, nur so viel, daß es ein wenig breiter wird. Das kannst Du aber auch weglassen, das Fleisch zieht sich in dem heißen Öl sowieso sofort wieder zusammen. Fleisch in die Pfanne, sofort umdrehen, wieder umdrehen, dann auf jeder Seite zwei bis drei Minuten braten. Je nachdem, ob Du es innen noch blutig haben willst oder durch. Natürlich auch erst vor dem Servieren salzen und pfeffern. Aber das weißt Du mittlerweile schon. Was immer Du dazugeben willst, ist Dir überlassen. Ein großes Stück Butter und ein frisches Baguette sind mir am allerliebsten!

Das **Schweinefilet** kannst Du in einem Topf im Ganzen braten, wie Schmor- oder Rinderbraten, also mit nur wenig Wasser im Topf. Dauert eine gute Stunde. Vor dem Servieren in Scheiben schneiden. Du kannst es aber auch vor dem Braten in Scheiben schneiden und in der Pfanne zubereiten wie ein Rinderfilet. Also keine Probleme!

Mit dem **Kalbsfilet** verfährst Du genauso. Es ist eine reine Geschmackssache – was Du vorziehst, das mußt Du ausprobieren. Alle Filets schmecken auch wunderbar, wenn Du die fertig gebratenen Scheiben auf einen Toast legst. Eine kleine Dose ganze Champignons öffnen, kleinschneiden, mit in die Pfanne geben und über das Fleisch auf dem Toast geben. Das geht schnell, ist einfach und sehr gut.

Vom **Rinderfilet** mache ich ein ganz tolles, edles Gulasch: das **Filet Stroganoff**. Irgendein Mitglied dieser weltberühmten russischen Dynastie, sie waren Diplomaten, Heerführer und Industrielle seit dem

16. Jahrhundert, hatte wohl mal die Nase voll von den riesigen gebratenen Fleischstücken. Er hat es mundgerecht schneiden lassen und dann erst gebraten. Außerdem waren ihm die Fleischstücke vielleicht auch zu trocken, und er wollte seinen Kanten Brot irgendwo eintauchen! Ob er schlechte Zähne hatte oder nur mit dem Messer nicht umgehen konnte, ist historisch völlig ungeklärt. Wie dem auch sei, auf jeden Fall ist dieses wunderbare Gericht entstanden.

Und nun ohne Übergang zum Kochen.

Einkaufen mußt du ein Kilogramm Rinderfilet. In dicke Scheiben schneiden, die Ränder putzen – wie gehabt. In den Kühlschrank legen, Du brauchst es vorläufig nicht. Die Soße wird zuerst gemacht: Drei normal große Zwiebeln schälen, halbieren und in sehr dünne Streifen schneiden. In einen großen, breiten Topf mit mindestens zwei Eßlöffeln heißem Öl geben. Immer umrühren, die Zwiebel müssen glasig werden, also hellgelb. Mit einem halben Liter Wasser aufgießen und sofort am Topfboden mit dem Kochlöffel alles Angebrannte aufkratzen, aufkochen, Hitze ein wenig wegnehmen. Eine kleine Dose geschälte Tomaten in einem Suppenteller mit der Gabel zerdrücken, die dicken Enden wegwerfen. Die Tomaten mit der ganzen Flüssigkeit in den Topf, dann drei Eßlöffel Tomatenketchup und einen Eßlöffel Tomatenmark dazu. Zehn Minuten köcheln lassen. Zwei Kaffeelöffel Salz, einen mit schwarzem Pfeffer und so vier- bis fünfmal mit der Pfeffermühle über den Topf gehen. Die Soße muß richtig schön scharf sein und auch

Zutaten:
1 kg Rinderfilet
3 Zwiebeln
1 kleine Dose geschälte Tomaten
3 EL Tomatenketchup
1 EL Tomatenmark
500-g-Dose Champignons
1/4 l süße Sahne
1 kleine Dose Cocktailwürstchen

etwas dick. Eine 500-Gramm-Dose kleine Champignons öffnen und mit Hilfe des angedrückten Deckels über der Spüle das Wasser abgießen. Die kommen auch in die Soße rein. Ab jetzt sollte die Soße nicht mehr kochen, nur mehr bei kleiner Hitze ziehen. Das Fleisch auf einem Brett in etwa drei bis vier Zentimeter große Würfel schneiden. In einer Pfanne fingerhoch Öl ganz heiß werden lassen und nur so viel Fleisch in die heiße Pfanne geben, wie wirklich Platz hat. Achtung: Das Fleisch darf weder gesalzen noch gepfeffert werden! Die

Fleischstückchen sollten nicht übereinanderliegen, jedes muß genügend Platz haben. Immer wieder umdrehen in der Pfanne, so daß alle Seiten angebraten werden. Das dauert zwei bis drei Minuten. Die fertigen Stücke aus der Pfanne in die Soße geben, das geht mit dem Wender ganz leicht. Wenn Öl mit in die Soße läuft, macht das nichts. Nun die nächste Lage Fleisch braten. Sollte dies die letzte Pfannenfüllung sein, komplett in die Soße geben und auch den Boden gut abkratzen, das Braune soll auch mit rein. Die Soße darf jetzt nicht mehr kochen, muß aber sehr heiß sein. Ein Viertelliter süßer Rahm wird noch eingerührt, und dann kommt der Clou: Eine kleine Dose oder ein Glas (Inhalt um die 250 Gramm) mit Cocktailwürstchen öffnen, Wasser abschütten und die Würstchen einzeln in die Soße geben. Etwa zehn Minuten ziehen lassen. Aufgepaßt: Die Würstchen platzen sofort, wenn die Soße anfängt zu kochen. Eigentlich macht das wirklich nichts, aber geplatzte Würstchen sehen nicht so gut aus! Zum Schluß abschmecken, was fehlt, nachgeben, vorsichtig – sehr leicht ist es dann zuviel. Fertig. Kartoffeln in jeder Form passen dazu, aber auch Nudeln oder nur ein frisches Baguette. Wie es beliebt, und natürlich Salat nicht vergessen!

Kalbshachse

Die Kalbshachse (bei uns in München schreibt man die Hachse natürlich mit x!) brate ich immer in der Röhre. Die Hachse kalt abwaschen, trocknen und mit der Handinnenfläche Salz und Pfeffer richtig einreiben, rundum. Auf dem Herd in der Reine auf allen Seiten gut anbraten, mit einem Liter kaltem Wasser aufgießen und wie immer mit dem Wender den Reineboden gut abkratzen. Eine halbe geschälte Zwiebel auf die beiden Seiten geben und auch jeweils eine ganze halbierte frische

Zutaten:
1 Kalbshachse
1/2 Zwiebel
1 Tomate
1 Grünzeug
1 Päckchen
Kalbsbratensoße

Tomate und ein Grünzeug. Wenn das Wasser kocht, die Folie drüberlegen und ab in die schon auf 250 Grad vorgeheizte Röhre. Nach einer halben Stunde die Hachse umdrehen, eventuell Wasser nachgießen und eine weitere halbe Stunde braten lassen. Dann die Folie wegnehmen, das Fleisch muß jetzt braun werden, nach 15 Minuten umdrehen und wieder bräunen lassen. Nach 90 Minuten müßte die Hachse fertig sein. Sollte sie sehr groß sein, kannst Du ruhig noch 20 Minuten dazugeben. Es gibt einen einfachen Trick zu prüfen, ob das Fleisch durch ist: Stich mit der Fleischgabel bis zum Knochen: Wenn Du das Gefühl hast, daß sich das Fleisch leicht vom Knochen löst, ist alles o.k.! Im Supermarkt bekommst Du Kalbsbratensoße im Päckchen. Den Inhalt eines Päckchens in einen kleinen Topf schütten, mit einer großen Tasse Wasser unter ständigem Umrühren (am besten mit dem Schneebesen) aufkochen. Wie immer gilt: Kein Klümpchen darf mehr zu erahnen sein.

Kleiner Zwischenstopp zur Aufklärung: Natürlich mußt Du keinem Menschen unter die Nase reiben, daß der größte Teil der Soßen, die Du kochst, in der Grundsubstanz aus einem Päckchen kommt. Wenn Du nämlich immer die Originalbratensoße dazugibst, wird es außer einem richtig ausgebufften Koch niemand merken. Auf Nachfrage gib das Geheimnis nicht preis!!!

Doch wieder zur Kalbshachse, vielmehr zur Soße: Wenn die Soße zu dick ist, kannst Du noch mal ein bißchen Wasser dazugeben. Aufkochen und zehn Minuten ziehen lassen. Die fertige Hachse kannst Du entweder gleich auf dem Brett vom Knochen befreien und nur die Fleischstücke servieren, oder Du gibst sie im Ganzen auf die Fleischplatte, und Deine Gäste dürfen am Tisch daran herumschneiden. Die Brühe aus der Reine schüttest Du zu der Soße im Töpfchen, wenn möglich, ohne die ausgekochten Dinge darin, einmal aufkochen lassen, abschmecken. Als Beilagen machst Du, was Dir schmeckt. Ich gebe meistens Bandnudeln dazu und eine große Schüssel frischen Salat.

Schweinshachse

Die Schweinshachse kannst Du ganz genauso braten, aber sie braucht mit Sicherheit eine halbe Stunde länger. Beim Fleischer kaufe die Hachse, die mehr Fleisch hat. Bei uns heißt die eine »hintere«. Mit einem scharfen Messer mußt Du nach dem Waschen und Trocknen die Schwarte an der Hachse vier- bis fünfmal von oben nach unten bis zum Fleisch einschneiden. Sonst alles wie gehabt, nur nimmst Du zur Soße natürlich ein Päckchen Schweinebratensoße!
Für mich gibt es aber noch eine Variante, die ich viel lieber esse. Eine Ein-Kilo-Dose Sauerkraut in einem großen, breiten Topf so aufsetzen wie schon beschrieben (Seite 59). Wenn das Kraut in der Phase ist, daß es nur mehr vor sich hin kochen muß, legst Du die Hachse gewaschen, gewürzt und eingeschnitten auf das Kraut und läßt sie mitkochen. Immer wieder umrühren, Wasser nachgießen. Die Hachse wird richtig im Sauerkraut mitgekocht. Das dauert im Minimum zwei Stunden. Teigknödel (Seite 48) esse ich am liebsten dazu und viel scharfen Senf!

Kasseler

Ein Kasseler Rippchen kannst Du auf die gleiche Art und Weise in dem Sauerkraut mitkochen, natürlich braucht das nicht so lange, aber eine Stunde sollte ein rohes, gepökeltes Stück schon im Topf mitkochen.
Ein fertiges, das heißt, bereits gekochtes Kasseler legst Du einfach 20 Minuten in das blubbernde Kraut, und schon ist es heiß.

Tatar

Als letztes Fleischgericht noch eines, das kalt serviert wird: das Tatar. Eigentlich sollte der Fleischer ein Stück Rinderfilet vor Deinen Augen durch den Wolf drehen, weil Du nur dann Gewißheit hast, das Fleisch zu bekommen, das Du möchtest. Tatar wird auch schon fertig angeboten, das heißt, es ist nicht angemacht, aber schon durchgedreht. In diesem Fall bin ich mir nie sicher, ob nicht auch noch anderes Fleisch mit verwendet wurde. Frage unbedingt, aus welchem Fleisch das angebotene Tatar ist. 100 Gramm pro Person genügen.

Das Fleisch gibst Du in eine kleine Schüssel oder in einen Suppenteller. Ein Kaffeelöffel Pflanzenöl, ein Eigelb (wie man das trennt, hatten wir schon bei Rühreiern, Seite 20), zwei Prisen Salz sowie süßen und scharfen Paprika und ein bißchen Pfeffer aus der Mühle – ja, das ist so eine Gefühlssache, aber rohes Fleisch darf schon ganz schön scharf sein! Eine kleine Zwiebel, fein gewürfelt, einen Teelöffel Ketchup – alles rein zum Fleisch. Wenn Du möchtest, kannst Du auch fünf bis sechs Kapern dazugeben,

> *Zutaten:*
> *pro Person*
> *100 g Tatar*
> *1 TL Öl*
> *1 Eigelb*
> *1 kleine Zwiebel*
> *1 TL Ketchup*
> *Salz, Pfeffer*
> *Paprika*

manche schneiden auch noch zwei bis drei kleine Sardellen rein. Ich mag die letzteren beiden Zutaten nicht.

Mit einer normalen Gabel alles gut durcheinandermengen, bis Du das Gefühl hast, nun ist wirklich nichts mehr auf seinem alten Platz. Probieren, vielleicht nachwürzen, auf ein Butterbrot dick aufstreichen – wunderbar.

Würstchen

Es gibt so viele Arten von Würstchen, die gebraten oder heißgemacht eine feine Beilage zu Gemüse sind, daß ich im einzelnen jetzt nicht darauf eingehen möchte. Ganz allgemein gilt, daß Würstchen nicht mit großer Hitze gebraten werden dürfen, weil sie sonst ganz schnell platzen, daß man sie immer wieder umdrehen soll und daß sie länger, als man denkt, brauchen, um im Ganzen heiß zu werden. Das gleiche gilt für Würste, die im heißen Wasser warm gemacht werden. Das Wasser soll einmal aufgekocht haben, dann erst die Würstchen rein und nur mehr ziehen lassen. Mindestens zehn Minuten! Bayerische Weißwürste oder Blut- und Leberwürste brauchen ganz bestimmt 20 Minuten, bis sie richtig heiß sind. Und nur dann schmecken sie gut.

Eine lauwarme Wurst – igitt! – ist was Entsetzliches! Aber denk dran: Das Wasser darf wirklich nicht mehr kochen, die Würstl platzen sofort. Bei der Weißwurst ist das nicht so besonders tragisch, es sieht nur häßlich aus, aber bei der Leberwurst hast Du gleich Wurstwasser – die läuft nämlich schlicht aus. Also selbst bei etwas vermeintlich Einfachem: aufpassen!

Der liebenswerteste und treueste Freund unserer ganzen Familie, Helmut Stegmann, Chefredakteur der tz in München, war ein eifriger »Simpl-Wohnzimmer«-Mitbenutzer. Er hat eine neue Tageszeit – natürlich muß es Nachtzeit heißen – als festgelegte Mahlzeit eingeführt: das »After-Midnight-Dinner«. Es bestand aus mindestens zehn bis fünfzehn Paar Wiener Würstchen, je einem Töpfchen scharfem und süßem Senf, einem Korb mit Schwarz- und Weißbrot und einem Stapel Papierservietten. Ohne die war es unmöglich, ein Würstchen zu essen. Der Witz war, daß die Wiener, die nur mit den Fingern gegessen werden durften, so heiß waren, daß man sich unweigerlich die Finger verbrannt hätte, wären sie nicht in die Serviette eingewickelt gewesen. Alles was um den Stammtisch saß, durfte sich an der Würstchenschlacht beteiligen. Manchmal kam auch irgendwer Fremdes an den Tisch mit der lapidaren Frage: »Darf ich?«, wickelte sich ein Würstchen in die Serviette, stippte in einen der Senftöpfe, nahm noch eine Scheibe Brot aus dem Korb, bedankte sich freundlich und verschwand im Gewühl des Lokals. »Wer war denn das?« Niemand wußte es, es war auch egal. Kannst Du Dir vorstellen, wie komisch das aussieht, wenn lauter erwachsene Menschen um einen Tisch sitzen, und jeder hält ein in eine Serviette eingewickeltes Würstchen in der Hand? Irgendwann bemerkte mal jemand, daß das

Niveau unserer Eßkultur und unserer Tischsitten doch sehr gesunken sei – uns war das egal, wir hatten ungeheuer viel Spaß dabei. Manchmal wurde der Gastgeber Helmut Stegmann auch ein bißchen gerügt, daß diese oder jene Ausstellung, der Film, das Konzert oder was es sonst noch so Wichtiges in dieser Stadt gab, nicht gebührend in der Ausgabe des nächsten Tages besprochen worden sei. Wir hatten doch alle Zeitungen schon am Abend vorher. Da war gut lästern, wenn die Macher mit am Tisch saßen. Selbst dann, wenn das »After-Midnight-Dinner Würstchen satt« eine Einladung des Chefredakteurs war – oder vielleicht gerade deswegen?

Innereien

Innereien sind nicht jedermanns Sache. Ich habe Freunde, die laufen schon bei der Erwähnung auf und davon. Andere wieder lieben sie in jeder Form. Du solltest, wenn Du Gäste erwartest, unbedingt vorher fragen, ob Innereien auch angesagt sind. Machst Du das nicht, kannst Du böse auf die Nase fallen! Ich jedenfalls esse sie gerne, am liebsten Kalbsnieren:
Wenn Du eine **Kalbsniere** zum erstenmal siehst, bist Du vielleicht erschrocken, weil sie so komisch ausschaut und so groß ist. Aber Du mußt so viel wegschneiden, daß eine Niere wirklich nur für zwei Personen ausreicht. Niere gut waschen und dann rund um den Innenkern Streifen oder kleine Stückchen abschneiden. Du kannst auch die kleinen Auswüchse – »Röschen«, wie ich sie nenne – im Ganzen abschneiden, das dauert aber beim Braten sehr lange. Mache lieber kleinere Stückchen. Von einer Kalbsniere mußt Du den Teil entfernen, der das Fett enthält. Du erkennst ihn an der hellen Farbe. Das Fett völig rausschneiden, es schmeckt auch nicht gut. Wenn Du die Niere geputzt und geschnitten hast, gib in die Pfanne einen großen Löffel Butter, bei mittlerer Hitze heiß werden lassen. Erst dann gibst Du die Nierenstücke in die Pfanne. Immer wieder mit dem Wender umdrehen, daß sie nicht anbrennen. Das dauert wirklich nur fünf Minuten, und schon sind die Nierchen fertig – fast: Erst jetzt sal-

zen und pfeffern und noch mal ein großes Stück Butter dazu, am Boden mit dem Wender kratzen, das ergibt eine tolle Soße. Sollte Dir die Soße nicht genug sein, gib eine Tasse Wasser dazu – das schmeckt auch sehr gut. Wenn Du das Ganze mit Zwiebeln essen möchtest, schneide eine mittlere Zwiebel klein und lasse sie goldgelb werden. Erst dann die Nieren dazu in die Pfanne. Eine ganz andere Geschmacksrichtung erreichst Du, wenn Du ganz zum Schluß auch noch einen Kaffeelöffel Essig dazugibst. Dann hast Du **Saure Nieren. Schweinenieren** sehen ganz anders aus. Du mußt Dir das alles beim Fleischer einfach mal angucken. Sie sind oval, viel kleiner, rund und glatt. Du legst die Schweineniere, nachdem Du sie gewaschen hast, flach auf ein Brett, hältst sie mit der flachen Hand von oben fest und schneidest sie mit der anderen in der Mitte der Länge nach auf. Jetzt hast Du zwei Teile, die innen so ein weißes Zeug haben. Das mußt Du ganz vorsichtig rausschneiden. Ist schon ein bißchen eine Popelei, ich weiß es, aber Übung macht den Meister. Du kannst aber auch umgekehrt anfangen und schneidest von der ganzen Niere alles außenherum ab, so daß Du nur mehr den Innenteil behältst. Den wirfst Du weg. Gebraten werden die Schweinenieren genauso wie die vom Kalb.

Wenn Du zu beiden Nieren richtig viel Soße haben willst, nimm den kleinen Schüttelbecher, fülle ihn zur Hälfte mit Wasser, einen Kaffeelöffel Mehl rein, Deckel zu und über der Spüle schütteln – manchmal schließen die Deckel nicht so ordentlich, und es spritzt doch etwas raus. Den Inhalt des Bechers ganz in die heiße Pfanne mit den Nieren schütten, einmal aufkochen, zehn Minuten ziehen lassen, abschmecken. Kartoffelbrei oder Reis dazu und, wie eigentlich immer: eine große Schüssel Salat.

Von der Leber möchte ich nur über die **Kalbsleber** schreiben. Mit Rinder- oder Schweineleber habe ich überhaupt keine Erfahrung. Beim Metzger läßt Du Dir die Leber gleich in fingerdicke Scheiben schneiden. Zwei Scheiben pro Person mußt Du rechnen. Auch solltest Du – wie schon oft geschrieben – zusehen, was abgeschnitten wird. Manchmal sind die Scheiben sehr klein, dann einfach ein paar mehr. Leber »schnurrt« beim Braten zusammen, sie bleibt nicht in der

Größe des rohen Zustandes. An der Kalbsleber brauchst Du nichts zu putzen. Die kannst Du verwenden, wie Du sie kaufst. Aber das Waschen nicht vergessen. Es gibt zwei Möglichkeiten, die Kalbsleber zuzubereiten. Beide Rezepte sind lecker, Du probierst am besten aus, was Du lieber magst.

Erste Variante: Einen Eßlöffel Butter in der Pfanne bei mittlerer Hitze heiß werden lassen, Leber in die Pfanne und sofort umdrehen, immer wieder. Die Leber darf nicht dunkelbraun oder gar schwarz werden, das schmeckt nicht, und die Gefahr, daß sie steinhart wird, ist groß. Drei Minuten, und der ganze Spuk ist schon vorbei. Erst jetzt salzen und pfeffern. Ich mache das immer erst, wenn die Leber schon auf dem Teller liegt. Bevor Du sie aus der Pfanne nimmst, noch mal ein großes Stück Butter in die Pfanne, Boden abkratzen, das gibt eine gute, wenn auch etwas wenig Soße.

Weil dieser Vorgang ungeheuer schnell geht, machst Du alles, was Du sonst noch brauchst, schon vorher. In einer eigenen Pfanne eine oder zwei Zwiebeln kleingeschnitten in Butter goldgelb werden lassen. In einer dritten Pfanne brätst Du Apfelscheiben. Den Apfel im Ganzen schälen, mit dem runden Kartoffelschäler in der Mitte das Kernhaus herausholen und in runde Scheiben schneiden. Das klappt nicht immer, und wenn Du kein solches Instrument zu Hause hast, zerschneide den Apfel einfach, hole das Kernhaus raus und schneide ihn in dicke Scheiben. Einen großen Löffel Butter in die Pfanne, die Apfelscheiben reingeben, immer wieder mit dem Wender

> *Zutaten:*
> **pro Person**
> **2 Scheiben Leber**
> **1–2 Zwiebeln**
> **1 Apfel**
> **Salz, Pfeffer**

umdrehen. Da beide Vorgänge etwa 15 Minuten dauern, gibst Du die Leber natürlich erst in die Pfanne, wenn Zwiebeln und Äpfel fertig sind.

Und so wird angerichtet: Einen kleinen Löffel Butter auf den Teller, Leberscheibe darauf, auf diese die Apfelscheiben, und ganz oben die Zwiebeln. Schaut lustig aus und ist fast so hoch wie ein Big Mac! Kartoffelbrei dazu – das schmeckt soooo gut!

Zweite Variante: Schneide die Leberscheiben in längliche Streifen, zwei bis drei Zentimeter breit, und gib diese in die erhitzte Pfanne mit Butter. Wenn Du Zwiebeln dabeihaben willst, vorher in der gleichen

Pfanne glasig werden lassen – oder auch nicht. Leber immer wieder umdrehen, dauert auch nur drei Minuten. Vom Feuer weg, noch mal ein Stück Butter rein, und wenn Du nicht lange rumkochen willst, ein frisches Baguette schmeckt köstlich dazu.

Auf diese Art kannst Du auch saure Leber machen. Der Vorgang ist der gleiche wie bei den Nieren. Einfach zurückblättern.

Ein für mich wunderbares Gericht ist komischerweise selbst bei Fans von Leber und Nieren umstritten. Leidenschaftlich gerne esse ich eine **Kalbszunge.** Die Kalbszunge waschen und in einem ausreichend großen Topf zum Kochen bringen. Das Wasser muß das Züngerl ganz bedecken. Erst jetzt einen Kaffeelöffel Salz, ein Lorbeerblatt und ein Grünzeug. Zwei Stunden vor sich hin köcheln lassen. Die Zunge aus dem kochenden Wasser in ein Sieb, mit kaltem Wasser abschrecken, abtropfen lassen, auf ein Brett geben und die Haut abpellen. Die Haut muß ganz und gar weg sein. In einen Topf einen großen Schöpflöffel von dem Sud geben, wieder heiß werden lassen, muß aber nicht mehr kochen, einen kleinen Becher süße Sahne dazu sowie einen Löffel Crème fraîche, und wenn Du zufällig einen Rotwein zu Hause hast, gib auch davon einen Eßlöffel in die Soße. Die Zunge in Scheiben schneiden, in die Soße legen, abschmecken und 15 Minuten ziehen lassen. Mit Kartoffelbrei. Super! Mußt Du einfach mal probieren.

Dann gebe ich jetzt gleich noch eins drauf: Auch ein **Kalbslüngerl** kannst Du selber machen. 250 Gramm für zwei Personen beim Fleischer kaufen. Die Lunge ist bereits gekocht und geschnitten. Aus einem Eßlöffel Mehl machst Du eine dunkle Einbrenne, und die geht so: Einen Eßlöffel Palmin in den Topf, heiß werden lassen. Einen halben Liter kalte Fleischbrühe bereitstellen. Wenn Du keine hast, koche vorher eine aus Brühwürfeln und lasse sie kalt werden. Das Mehl in das heiße

> **Zutaten:**
> 1 Kalbszunge
> 1 Lorbeerblatt
> 1 Grünzeug
> 1 kleiner Becher
> süße Sahne
> 1 EL Crème fraîche
> 1 EL Rotwein

Fett geben, mit dem Kochlöffel immer umrühren, bis das Mehl dunkelbraun wird. Vorsicht: Das geht sehr schnell! Mit der Hälfte der

Brühe ablöschen, sauber rühren – keine Klümpchen. Vielleicht nimmst Du jetzt lieber den Schneebesen, da kommt man aber so schlecht an den Rand. Du mußt ausprobieren, was Dir besser in der Hand liegt. Rest Flüssigkeit dazugeben, aufkochen und zehn Minuten ziehen lassen. Salz, Pfeffer und ein kleiner Schuß Essig, abschmecken. Dann gibst Du die Lunge in den Topf, nochmals kurz aufkochen, zehn Minuten ziehen lassen, fertig. Dazu machst Du Semmelknödel (Seite 45).

Ich hoffe, ich habe Dich nicht verschreckt mit meinen von mir so geliebten Innereien. Man soll sie sowieso nicht so oft essen, aber hin und wieder habe ich einen richtigen Heißhunger darauf, und dann koche ich für uns so was Feines!

Das Huhn, die Ente und – nicht zu vergessen – die Gans

Ohne Friedrich Jahn, den Erfinder und Begründer der »Wienerwald«-Restaurants, hätte das gebratene Hühnchen keinen solchen Siegeszug durch die deutschen Haushalte genommen. Seinen berühmtesten Werbeslogan »Heute bleibt die Küche kalt, heut geh'n wir in den Wienerwald« konnte man auch umgekehrt sagen. Ich glaube fast, noch mehr Menschen haben in der Tat die Küche kalt gelassen, sich aber die Brathähnchen nach Hause geholt. Ich gehöre auch zu dieser Abteilung. Wie oft in meinem Leben bin ich, wenn die Zeit zum Kochen nicht mehr ausreichte, schnell auf dem Nachhauseweg noch an einem Wienerwald vorbeigefahren und habe pro Person ein halbes Hühnchen mitgenommen. Für die Kinder war das sogar ein Festtag! Der ganz große Boom ist wohl vorbei, auch hat mein Freund und langjähriger Mentor Friedrich Jahn die Restaurants verkauft – trotzdem hole ich hin und wieder für uns Hühnchen. Zum Selberbraten habe ich wirklich keine Lust mehr.

Italienisches Huhn

Für ein ganz spezielles Gericht hole ich noch immer die Hühnchen dort: für das Italienische Huhn. Den Namen habe ich nicht aus dem

Kochbuch, er ist meiner Fantasie entsprungen und hängt mit einem Erlebnis zusammen, das ich Dir gleich erzählen werde.

Aber erst mal sollst Du wissen, wie es zubereitet wird. Pro Person ein halbes Hühnchen vom Spieß holen. Wenn es noch heiß ist, läßt es sich ganz leicht von den Knochen ablösen. Das mußt Du mit großer Akribie machen, weil das Hühnchen ganz viele kleine Knochen und zum Teil sehr starke Sehnen hat, die später beim Essen als sehr störend empfunden werden. Die Stücke so groß lassen, wie Du sie runterbringst, und nicht zerschneiden. Du wirst jede Menge große und kleine Stückchen haben. Das ist in Ordnung. Auch die Haut, die braun ist, kannst Du mit dazugeben; die helle, labbrige wirfst Du weg. Das Huhn ist jetzt fertig abgelesen, Knochen und sonstiger Abfall im Müll, der Arbeitsplatz ist wieder sauber.

Nun geht's an die Soße, die zum Italienischen Huhn gehört, und wie immer bei mir, beginnt diese mit einer Einbrenne. Einen gehäuften Eßlöffel Palmin in einem Topf, der groß genug ist, das ganze ausgelöste Huhn aufzunehmen, heiß werden lassen. Einen guten Eßlöffel Mehl einrühren, aber das hatten wir schon (Seite 49)! Nach und nach mit einem halben Liter Wasser oder Fleischbrühe aufgießen.

Aufkochen und zehn Minuten ziehen lassen. Zwei Kaffeelöffel Hühnerbrühe im Konzentrat dazu, mit Salz und Pfeffer sehr vorsichtig sein, das Konzentrat ist gut gewürzt, also probieren. Wenn Du frisches Basilikum hast, mindestens 15 Blätter in kleine, dünne Streifen schneiden und reingeben. Du kannst aber auch getrocknetes nehmen, einen gehäuften Kaffeelöffel. Nicht ganz so viel getrockneten Oregano und wirklich nur ein Prischen Thymian. Richtig sämig soll sie sein, also nicht zu dünn. Die Hühnerstücke in den Topf, einmal aufkochen,

> Zutaten:
> **1 gebratenes Hähnchen**
> **1 EL Mehl**
> **2 TL Hühnerbrühe (Konzentrat)**
> **15 Blätter Basilikum**
> **Oregano**
> **30 g Butter**
> **Thymian**
> **Salz, Pfeffer**

zehn Minuten ziehen lassen und zum Schluß mindestens 30 g Butter dazugeben. Dazu machst Du Reis, Kopf- und Tomatensalat (Seiten 37, 126, 128).

Jetzt erzähle ich Dir, warum dieses Gericht bei mir »Italienisches Huhn« heißt. Freunde, die schon lange in Italien leben, standen eines Tages vor meiner Türe. Sechs Mann, Frau, Kind und Kegel. Normalerweise kann ich unangemeldete Gäste nicht ausstehen – damals aber habe ich mich sehr gefreut, denn wir hatten uns lange nicht mehr gesehen. Es war Abendbrotzeit, alle hatten großen Hunger und ich nichts im Haus, also was tun? Hühnchen in der Soße geht schnell und schmeckt sehr gut. Gedacht, getan. Bis die vier Hühner da waren, hatte ich die Soße und den Reis schon fast fertig, ein wenig Salat war noch da, der Tisch schon gedeckt. In nur 45 Minuten stand eine fertige Mahlzeit auf dem Tisch, und meine Italiener waren begeistert. So etwas hätten sie ja noch nie gegessen, das Rezept wollten sie unbedingt haben. Ich habe mich richtig geniert, weil das wirklich keine Kunst ist, und habe ganz bewußt vergessen, das Rezept aufzuschreiben. Sollte ich denn zugeben, daß ich aus Wasser, Mehl, Hühnerextrakt und vier Wienerwaldhühnern ein so tolles Essen gezaubert hatte? Aber seit jenem Tag vor vielen Jahren heißt dieses Gericht bei uns »Italienisches Huhn«.

Gekochtes Huhn

Ein gekochtes Huhn mache ich gerne. Nicht nur, weil ich die Suppe so liebe, auch das zarte Fleisch schmeckt mir sehr, und wenn ich mal nicht so ganz auf dem Posten bin, das Huhn ist so herrlich leicht verträglich und stellt mich immer wieder schnell auf die Beine. Aber ich glaube, das hatten wir schon unter »Hühnerbrühe« (Seite 28).

Gebackene Hühnerkeulen

Wenn ich weiß, daß meine Gäste nicht zur gleichen Uhrzeit kommen, mache ich am liebsten Hühnerkeulen. Die kann man gut in der Röhre warm halten, und kalt schmecken sie auch gut. Die Keulen, pro Person mindestens zwei, waschen, rundum salzen und pfeffern, ein Hauch von Paprika. In einen breiten Topf mit erhitztem Palmin geben, von allen Seiten anbraten. Mit Wasser etwa drei cm hoch aufgießen, eine Stunde köcheln lassen. Immer wieder Flüssigkeit nachfüllen und die Keulen umdrehen. Wenn sie fertig sind, in eine Reine mit viel heißer Butter geben und in die auf 150 Grad vorgeheizte Röhre stellen. Eventuell eine Folie drüber, je nachdem, ob die Keulen schon braun genug sind. Du kannst sie aber auch kalt werden lassen. Wie auch immer, jeder kann sich selbst versorgen. Eine große Schüssel Kartoffelsalat (Seite 129) bereitstellen und ein frisches Baguette.

Ente

»Die Ente ist ein unglücklicher Vogel. Für einen zuviel und für zwei zu wenig!« Dies sagt immer ein guter Freund von mir, der mit großem Appetit gesegnet ist. Er wiegt schon ein bißchen mehr als normal und ißt einfach für sein Leben gern. Sein Name ist Peter Kern, ein wunderbarer Schauspieler und Regisseur. Einer seiner schönsten Filme wurde zu den asiatischen Filmfestspielen nach Manila auf den Philippinen eingeladen. Ich spielte in der Komödie mit und durfte in dieser aufregenden Stadt dabeisein. Durch Peter Kern, der zu diesem Land schon seit Jahren eine große Liebe hegt, habe ich diesen wunderschönen Teil unserer Erde und seine außergewöhnlichen Menschen kennengelernt. Jetzt komme ich schon wieder ins Erzählen – aber diese Wochen auf den Philippinen werde ich ein anderes Mal in einem eigenen langen Bericht für Dich aufschreiben. Warum ich überhaupt damit angefangen habe? Weil ich so oft aus dem Lachen nicht mehr rauskam. Der Peter hatte sein Geschimpfe auf das arme Federvieh ganz vergessen und war ganz erpicht darauf, in dem asiatischen Land köstlich zubereitete Entengerichte zu genießen. Aber da hatte er Pech! Jedesmal, wenn ich Peter im Hotel traf, saß er in Ermangelung eines »unglücklichen Vogels« frustriert vor einem Körbchen mit einem Gericht aus seiner Heimat: einem Wiener Backhendl, das dort »Chicken in the Basket« heißt. Ja, so kann's gehen. Über das Wiener Backhendl kann ich Dir leider keine Kochanleitung schreiben, weil es mir nie gelungen ist, es so exzellent zu braten, wie es fast jedes Wiener Lokal kann. Das, glaube ich, ist wirklich eine Wiener Spezialität.

Aber nun zu unserer Ente. Es gibt mehrere Entenarten. Die Flugente ist sehr mager, und auf die trifft das eingangs erwähnte Zitat sicher zu. Gebraten wird sie genauso wie eine tolle bayerische Freilandente, die mit Sicherheit für zwei Personen reicht.

Sollte die Ente gefroren sein, braucht sie mindestens zehn Stunden zum Auftauen. Also morgens rauslegen, wenn Du sie am Abend braten willst. Nachgucken, ob im Bauch der Ente die Innereien sind. Wenn ja, rausnehmen. Betrachte das Tier von allen Seiten, ob noch irgendwelche Reste von den Kielen zurückgeblieben sind. In der Regel sind die Enten aber sauber. Solltest Du dennoch etwas finden, mit einer kleinen Zange oder einer Pinzette einfach rausziehen. Die Ente richtig waschen, auch innen, trocknen und mit der flachen Hand rundum einsalzen und einen Hauch Pfeffer über die ganze Ente. Wenn Du Lust hast, schiebe ein paar geschälte und entkernte Apfelstücke in den Bauch – aber das gehört schon zu den schwierigen Kochkünsten, über Füllungen gibt es ganze Bücher!

Zutaten:
1 Ente
1 Apfel
1 Grünzeug
1 Päckchen
Geflügelsoße
Salz, Pfeffer

Einen großen Löffel Palmin in der Reine auf dem Herd heiß werden lassen, die Ente von allen Seiten anbraten, bis sie ein bißchen Farbe hat, immer umdrehen. Dann die Reine zur Hälfte mit Wasser auffüllen, Boden abkratzen, je eine Tomate auf die Seite dazulegen und ein frisches Grünzeug. Alles, was in dem Tütchen im Entenbauch war: die Innereien und die Gurgel, die Du mittlerweile gewaschen hast, auch in die Reine dazu. Wenn das Wasser kocht, Ente mit Folie abdecken und in die heiße Röhre (250 Grad) schieben. Natürlich in die Mitte. 45 Minuten braten lassen, dann Ente umdrehen, Wasser nachgießen. Wieder 45 Minuten braten. Dann die Folie wegnehmen und auf beiden Seiten noch mal jeweils 15 Minuten richtig schön braun und kroß werden lassen. Kartoffelknödel (Seite 47), Blaukraut (Rotkohl) (Seite 59) und Salat (Seite 126) dazu.

Wenn Du gerne Geflügel ißt, solltest Du Dir eine Geflügelschere wünschen. Mit einem Messer kann man ein solches Getier nur ganz schwer tranchieren, das heißt: zerteilen. So eine Schere ist ein Geschenk »fürs Leben«, weil Du sie wirklich sonst nie brauchst. Zum

Tranchieren legst Du die Ente auf ein Brett, schneidest als erstes die Beine und die Flügel ab, dann schneidest Du den Bauch von unten bis oben auf und drehst die Ente um, schneidest knapp neben dem langen Rückgrat auch wieder von unten nach oben. Die Gurgel wegschneiden und die beiden Entenhälften in der Mitte teilen. Die ganze Tranchiererei braucht viel Kraft, solltest Du einen Mann zu Gast haben, lasse ihm das Vergnügen. Mein Gott, ich merke jetzt zum ersten Mal, wie grauslich das klingt, wenn man so im Detail beschreibt, wie man ein Tier zerlegt. Das geht bei mir schon so routinemäßig, daß ich mir darüber nie so richtig Gedanken gemacht habe. Verzeih mir, aber wie soll ich Dir das sonst erklären?

Inzwischen hast Du aus der Reine die Innereien und das Grünzeug entfernt. Auf der Herdplatte die Soße mit Wasser aufgießen, im Schüttelbecher ein Päckchen Geflügelsoße herrichten, in die kochende Soße einrühren. Wenn Du Fleischbrühe zu Hause hast – die ist besser, aber Wasser tut es auch.

Und jetzt kommt das große Problem. Eigentlich müßtest Du beide Arbeitsgänge – das Tranchieren und die Zubereitung der Soße – zur gleichen Zeit machen. Das geht nun wirklich nicht. Ich habe das so gelöst, daß ich die Röhre abschalte, die fertige Ente auf ein Backblech lege und noch mal in die Hitze schiebe, mit Folie bedeckt bleibt sie wunderbar heiß, bis ich die Soße fertig habe – dann erst die Ente zum Tranchieren auf das Brett! Dies muß der allerletzte Vorgang sein – alle Beilagen solltest Du schon auf dem Tisch stehen haben. Dann ist die Ente noch toll heiß und schmeckt einfach super!

Gans

Im Prinzip wird die Gans genauso zubereitet. Aber mit diesem Tier ist das so eine Sache. Ich bin schon ein paarmal ganz furchtbar auf die Nase gefallen – schon beim Einkauf. Bei mancher tiefgefrorenen hatte ich das Gefühl, daß sie aus Polen zu Fuß zu uns gewatschelt ist, so steinhart und zäh war die. Dann habe ich mir geschworen, das nächstemal kaufe ich eine frische auf dem Markt. Dann war auch das ein

Reinfall, weil die Gänsedame schon das Greisenalter erreicht hatte und ich als naiver Käufer das einfach nicht erkannt habe. Unsere Köchinnen hatten alle einen Trick, wie man erkennt, wie alt die Gans ist – ich habe ihn leider nie erfahren.

Soviel zur Vorgeschichte und als kleiner Trost, wenn Deine Gans steinhart und zäh werden sollte: Das muß nicht unbedingt an Deiner Kochkunst liegen!

Die Gans ausnehmen wie die Ente. Überhaupt kannst Du alles genauso handhaben, wie ich schon erklärt habe. Nur die Bratzeit ist natürlich eine andere. Wichtig ist, daß die Reine immer halb voll mit Wasser ist! Als erstes die Gans mit den Füßen nach oben in die Röhre, Folie drüber; wenn ein Stück nicht reicht, die Teile in der Mitte übereinanderlegen, das hält dann schon. Jeweilige Bratzeit für eine Seite sind 90 Minuten, und zum Schluß kannst Du noch mal 20 Minuten rechnen für das Bräunen. Die Haut muß toll kroß und knusprig werden. Viele übergießen sie immer mal mit Soße, ich mache das nicht so gerne, sie springt dann so leicht auseinander.

Soße und Beilagen wie bei der Ente, aber zur Gans mache ich noch was ganz Besonderes dazu: **kandierte Kastanien**. 100 Gramm Butter goldgelb zerlaufen lassen und einen gehäuften Eßlöffel Zucker darin verrühren. Etwa 200 Gramm Kastanien aus der Dose oder im Winter bei einem Maronibrater mitnehmen, dazugeben und immer ganz vorsichtig umdrehen, bis das Zucker-Butter-Gemisch an den Kastanien hängenbleibt. Diese süßen Kastanien zur Gans – ein Gedicht. Jetzt verwende ich das Wort schon wieder – aber es stimmt!

Beim Tranchieren mußt Du die beiden Hälften zwei- bis dreimal durchschneiden. Du spürst, wo Du zwischen den Knochen am besten durchkommst.

Vor einem Gansessen solltest Du Deinen Gästen klarmachen, daß es nicht tragisch ist, wenn das Tischtuch bekleckert wird. Bei so einer tollen Mahlzeit darf man schon auch mal mit den Fingern essen – muß man sogar, sonst macht es keinen Spaß!

Da fällt mir eine Geschichte ein, die uns Horst Ehmke, jetzt leider Ex-Bundestagsabgeordneter, aus seiner Kindheit in Pommern erzählt hat. Seine Großmutter machte einmal im Jahr ein Krebsessen für die gesamte Familie. Die lange Tafel, wunderbar eingedeckt mit weißer Tischwäsche – es muß eine helle Freude gewesen sein, diese Festtafel zu betrachten. Die Familie setzte sich, die vielen Kinder nahmen auch ihre Plätze ein und warteten auf das erlösende Wort, daß es gleich Krebs satt gäbe. Großmama nahm ihr Glas mit Rotwein in die Hand, begrüßte die ganze Familie, und bei den Schlußworten: »... und nun guten Appetit!« schüttete sie den Rotwein aus ihrem Glas über das Tischtuch. Damit wußten alle, groß und klein, daß sie, ohne angefaucht zu werden, kleckern durften. Ist das nicht ein schöner Brauch? Ich erzähle diese Geschichte oft, vor allem dann, wenn Kinder mit am Tisch sitzen. Es erspart unendlich viel Peinlichkeiten. Eine Tischdecke ist schnell gewaschen, eine beschimpfte Kinderseele ist mit Sicherheit nicht so schnell wieder heil. Nicht, daß Du jetzt auf die dumme Idee kommst, ich hätte etwas gegen gute Tischmanieren. Das weißt Du am besten – da bin ich ganz pingelig !!! Nur gibt es wirklich verschiedene Speisen, wo man einfach Nachsicht üben soll. Denk doch an Spaghettiessen. Manchmal wollte ich schon Gummischürzen verteilen!

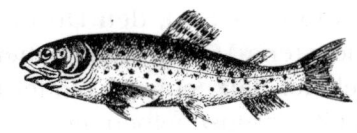

Der Fisch
und was sonst noch
schwimmt

Eigentlich könnte ich mich von Fisch allein ernähren. Nein – stimmt nicht ganz, Nudeln und Gemüse brauche ich auch. Auf Fleisch kann ich weitgehend verzichten, nicht weil ich vegetarisch essen will, ich mag es einfach nicht so gerne. Auch wieder geschwindelt – manchmal ertappe ich mich bei einem riesenhaften Steak! Aber sehr selten!!! Bleiben wir beim Fisch. Wenn Du ihn kochen oder braten willst, brauchst Du keine Angst zu haben, ihn selber sauberputzen zu müssen. Es dürfen keine Fische mehr in den Verkauf kommen, die nicht ausgenommen sind. In der Regel sind sie auch schon geschuppt, und der Verkäufer wird ihn Dir so schneiden, wie Du ihn haben willst. Bei Kabeljau oder Schellfisch solltest Du nicht gerade ein Schwanzstück nehmen, es hat die meisten Gräten. Aber wenn Du nichts anderes mehr bekommen kannst, Du weißt es jetzt, mußt halt vorsichtig damit umgehen. Biete das letzte Schwanzstück nicht Deinem Gast an, mache Dich selber über die Gräten her!

Gekochter Fisch

Für gekochten Fisch schreibe ich Dir eine Grundregel auf: Bei etwa einem Kilogramm Fisch (ist für zwei bis drei Personen genug) brauchst Du zweieinhalb Liter Sud, den Du in der Fischreine (ohne den Fisch) vorher mindestens 15 Minuten kochen läßt. In das Wasser gibst Du einen Kaffeelöffel Salz, einen Eßlöffel Essig, eine geschälte halbierte Zwiebel, zwei Zitronenscheiben, ein Lorbeerblatt und ein frisches Grünzeug. Den gewaschenen Kabeljau oder Schellfisch legst Du in den Einsatz und gibst ihn erst in den Sud, wenn dieser nicht mehr kocht. Dann wieder aufkochen lassen und 15 bis 20 Minuten ziehen lassen. Der Sud darf schon ein bißchen blubb-blubb machen, aber nicht mehr richtig kochen. Wenn Du unsicher bist, ob Dein Fisch schon gar ist, es gibt eine sehr einfache Methode, das festzustellen: Wenn die Schwanzflosse ganz leicht rauszuziehen ist, dann ist er fertig. Den Einsatz aus der Fischreine herausnehmen – vorsichtig, die Griffe sind kochend heiß, also entweder Topflappen benützen oder, wenn keine zur Hand sind, mit den gebogenen Aufhängern von zwei Schöpfkellen raushieven. Abtropfen lassen und auf eine Platte legen. Den Fisch immer genau den Gräten entlang auslösen, das geht leichter, als ich es Dir jetzt beschreiben kann. Dazu Pellkartoffeln (Seite 31), die Du am besten schon vor der Zubereitung des Fisches aufstellst, und eine Soße.

Zutaten:
1 kg Kabeljau oder Schellfisch
1 EL Essig
1 Zwiebel
2 Zitronenscheiben
1 Lorbeerblatt
1 Grünzeug

Ich mache gerne so was ähnliches wie eine holländische Soße dazu. Du kannst sie kochen, während der Fisch gart. Einbrenne (Seite 49), wie gehabt, aus einem Kaffeelöffel Mehl, mit kaltem Wasser ablöschen und gleich mit etwas von dem Sud aus der Reine aufkochen und ziehen lassen. Probieren, eventuell mit Salz und ein wenig Pfeffer nachwürzen. Mit dem Schneebesen zwei Eidotter in die nicht mehr kochende Soße einrühren und ein großes Stück Butter vor dem Servieren reingeben. Eine Schüssel grünen Kopfsalat (Seite 126) nicht vergessen!

Das Eiweiß kannst du als sparsame Hausfrau in einer Tasse im Eisschrank zum Wiedergebrauch aufheben. Aber ein Erfahrungswert: Ich brauche es nie oder vergesse es, es trocknet in der Tasse ein, die dann sehr schwierig sauberzukriegen ist, weil das Eiweiß ungeheuer in der Tasse klebt. Am liebsten würde ich die Tasse dann wegwerfen – Du siehst: nur Ärger. Ich werfe also das Eiweiß gleich weg, wenn ich nicht ganz genau weiß, wofür ich es noch verwenden kann!

Forelle »blau«

Eine Forelle, wenn Du sie »blau« haben willst, das heißt gekocht, machst Du genauso. Ein Fisch mittlerer Größe braucht 15 bis 20 Minuten. Wenn die Forelle gefroren ist, kannst Du sie, ohne sie aufzutauen, in das Wasser geben, das aber in diesem Moment nicht kochen darf. Erst dann wieder, wenn die Forelle im Sud liegt. Es zerplatzt sonst die Haut sofort. Eine gefrorene Forelle wird nicht mehr richtig »blau«, weil durch den Gefriervorgang die Schleimhäute, die die Farbe enthalten, kaputtgehen. Also – eine frische ist besser.
Wenn Du sie rund haben möchtest, wie man immer auf diesen tollen, gestylten Fotos sieht, gibt es einen ganz einfachen Trick: Du mußt Kopf und Schwanz mit einem Faden zusammenbinden! Das geht mit der gefrorenen Forelle natürlich nicht, es sei denn, Du taust sie vor dem Kochen auf. Außerdem kannst Du die »runde« Forelle nicht in der Fischreine kochen, nimm einen ausreichend großen runden Topf. Sonst bleibt alles wie gehabt. Dazu kochst Du Pellkartoffeln (Seite 31), über die Du feingewiegte Petersilie streust. Du kannst auch in einem Töpfchen einen großen Löffel Butter heiß werden lassen, gibst die Petersilie hinein und gießt alles über die gepellten Kartoffeln. In dem Töpfchen läßt Du noch mal 50 Gramm Butter zerlaufen und gibst sie über die Forelle auf dem Teller.

Forelle Müllerin

Forelle Müllerin nennt man die gebratene Version. Forelle waschen, innen und außen mit Zitrone beträufeln, salzen und den Fisch in Mehl wenden. In die Pfanne mit heißer Butter (etwa 40 Gramm) geben und auf jeder Seite bei mittlerer Hitze fünf bis sieben Minuten braten.

Vorsicht beim Umdrehen, die Forelle bricht leicht auseinander. Mit noch mal 30 Gramm Butter in der Pfanne den Fond aufrühren und über die Forelle auf dem Teller gießen. Salzkartoffeln (Seite 32) und grünen Salat (Seite 126) dazu.

Scholle

Der Fischverkäufer soll die Scholle zum Braten fertig machen, das heißt, die Schwanz- und die Seitenflossen gleich abschneiden. Nach dem Waschen mit Zitrone beträufeln, salzen und in Mehl wenden. In einer großen Pfanne 50 Gramm kleingeschnittenen gewürfelten Speck auslassen, so daß kleine Grieben entstehen. Die hellgelben Grieben zur Seite an den Rand schieben, und die Scholle in die Pfanne zum Braten geben. Die Hitze runterschalten, auf jeder Seite fünf Minuten braten. Das Umdrehen der Scholle, ohne daß sie auseinanderbricht, ist wieder mal ein kleines Kunststück. Am besten nimmst Du zwei Pfannenschaufeln, die eine schiebst Du unter die Scholle, die andere von oben andrücken und mit einem Schwung den Fisch umdrehen. Mußt nicht traurig sein, wenn es nicht gleich beim ersten Mal so richtig klappt! Auch diese Handgriffe wollen gelernt sein. Die fertige Scholle vorsichtig mit dem Wender aus der Pfanne auf den Teller geben. Das geht am leichtesten, wenn Du mit einer Hand die Pfanne etwas schräg hältst und den Fisch, mit dem Wender drunter, über den Pfannenrand herausrutschen läßt. Die Grieben mit dem heißen Fett über die Scholle gießen. Dazu gibt es grüne Bohnen (Seite 52) und Pellkartoffeln (Seite 31). Ein Kartoffelsalat (Seite 129), mit oder ohne Mayonnaise, schmeckt auch fein.

Babyschollenfilet

Wunderbare Babyschollenfilets kannst Du tiefgefroren kaufen. Das ist sogar ungeheuer praktisch, weil Du das Paket einfach in das

Tiefkühlfach legst und Dir immer nur so viele herausnimmst, wie Du brauchst. Für eine Person rechne ich ungefähr drei bis vier Stückchen. Kommt darauf an, wie groß sie sind. Laß Dich von der Originalgröße nicht täuschen, in der Pfanne werden sie viel kleiner! Die kleinen Filets sind schnell aufgetaut, waschen, mit Küchenkrepp trocknen, das heißt abtupfen. In Mehl wenden und in die heiße Butter in die Pfanne. Anbraten, vorsichtig mit dem Wender umdrehen, nach fünf Minuten sind sie fertig. Goldgelb sollen sie aussehen. Jetzt erst salzen. Vorher hast Du schon ein Päckchen tiefgefrorenen Blattspinat (Seite 57) in Butter heiß gemacht. Den Spinat breit auf den Tellern verteilen, die Schollenfilets oben darauf und mit der restlichen Butter aus der Pfanne übergießen. Das schmeckt wunderbar, da brauche ich gar nichts sonst dazu.

Shrimps in Dillsoße

Bei diesem Rezept kochst Du die Dillsoße zuerst. Die Einbrenne (Seite 49) wie immer, nur gibst Du einen halben Suppenwürfel zum Aufkochen mit rein, dann ziehen lassen mit einem Kaffeelöffel Dillspitzen. Ein Eßlöffel Olivenöl in die Pfanne und 150 Gramm Shrimps vier Minuten braten. Immer umdrehen, anschließend mit dem Öl in die Soße geben. Zehn Minuten ziehen lassen, abschmecken, fast sicher fehlt Salz. Einen herrlichen Reis (Seite 37) und grünen Salat (Seite 126) dazu.

Genausogern mache ich die Shrimps nur in der Pfanne. Einen Eßlöffel Olivenöl heiß werden lassen, eine kleingeschnittene Zwiebel anbraten, zwei Tomaten mit kochendem Wasser übergießen, dann lassen sie sich leicht schälen, kleinschneiden, auch dazu, und zu guter Letzt eine durch die Presse gedrückte Knoblauchzehe – oder auch zwei! Alles ein bißchen braten lassen – ein paar Minuten. Dann 200 Gramm Shrimps dazu. Durch das Wasser in den Shrimps bekommst Du fast etwas Sud. Ein paar Minuten das Wasser verdampfen lassen – immer umrühren und ab in den Suppenteller mit dem ganzen Fond aus der Pfanne. Jetzt erst salzen und pfeffern, so ein Prischen, aber das weißt Du ja mittlerweile schon. Ein frisches Baguette dazu, schon hast Du ein feines und schnelles Essen.

Matjes

Es gibt wirklich gute und zarte Matjes fertig zu kaufen. Du machst in der Pfanne aus 100 Gramm kleingewürfeltem weißem Speck Grieben und gibst sie mit dem Fett über die Matjes auf dem Teller. Salzkartoffeln (Seite 32) und Butterbohnen (Seite 52) sind eine schmackhafte Beilage.

Bei Matjes **Hausfrauenart** mußt Du erst mal die »Hausfrau«, wie ich die Soße immer nenne, machen. Kochen wäre jetzt nicht angebracht – es ist alles kalt!

Zwei Eßlöffel Mayonnaise mit einem achtel Liter Schlagsahne verrühren. Ganz glatt! Eine Zwiebel kleinschneiden und dazugeben. Zwei große Äpfel schälen, vierteln, Kernhaus entfernen und die einzelnen Viertel in kleine Scheiben schneiden. Auch dazu. Zwei Prisen Salz, drei- bis viermal die Pfeffermühle über der Schüssel drehen, alles mit dem Kochlöffel durchmengen. Die »Hausfrau« sollte jetzt mindestens eine Stunde ziehen. Vor dem Anrichten noch mal umrühren.

> *Zutaten:*
> *2–3 Matjesfilets*
> *1/8 l süße Sahne*
> *1 Zwiebel*
> *2 Äpfel*
> *Salz, Pfeffer*

Die Matjesfilets auf einen Teller legen und gut zwei bis drei Eßlöffel der Soße darübergeben. Die Filets darf man gar nicht mehr sehen. Und kleingeschnittene Petersilie drüber. Eine kleine Zwiebel schälen und in Ringe schneiden. Die Zwiebelringe über die ganze »Hausfrau« schön verteilen. Salzkartoffeln (Seite 32) schmecken dazu besonders gut.

Zum Fisch fällt mir noch eine Geschichte ein: Sie hat eigentlich nur indirekt damit zu tun, aber sie gefällt mir so wahnsinnig gut.
Freunde von mir essen für ihr Leben gerne Kaviar. (Ich übrigens auch!)
Aber was tun, wenn immer drei heranwachsende Söhne mit am Tisch

sitzen und auch was abhaben wollen? Das geht mächtig an den Geldbeutel – und im übrigen, Kinder können den elitären Geschmack von Kaviar gar nicht beurteilen ... sagen die Leute, die es wissen müssen. Also noch mal – was tun? Heimlich den Kaviar verschlingen? Nein, das ist nicht der Stil meiner Freunde. Irgendeine Idee mußte her, um ihren drei Jungs den Kaviar zu vermiesen. »Heureka«, rief meine Freundin Dagmar aus und benützte begeistert das Wort, das der griechische Mathematiker Archimedes (so um die 200 vor Christi Geburt!) ausrief, als er das Gesetz vom spezifischen Gewicht entdeckte. »Heureka« heißt auf deutsch »Ich hab's (gefunden)«. So ganz beiläufig sagte sie dann beim Abendessen ganz scheinheilig zu ihren Söhnen: »Ihr mögt doch alle drei keine Innereien, ihr eßt keine Leber, keine Nieren, nichts, was aus dem Innern eines Tiers kommt. Wieso eßt ihr dann Kaviar? Kaviar ist doch auch eine Innerei, nur nicht vom Rind oder vom Kalb, sondern vom Fisch. Ich finde es ganz toll, daß ihr eure Meinung so geändert habt.« Ein längerer Aufschrei von drei Söhnen erschreckte die Nachbarschaft, und damit hatte sich das Thema erledigt. Bis heute essen Dagmar und Wolfgang ihr kleines Döschen Kaviar genüßlich am Tisch und lächeln über die angewiderten Blicke ihrer Söhne.

Der Eintopf und Gerichte, die ich nicht einordnen kann

Wenn Du weißt, daß nach einer Veranstaltung noch ein paar Freunde zu dir kommen werden, um den Abend ausklingen zu lassen, brauchst Du unbedingt irgend etwas zu essen. Alle werden Hunger haben. Das kannst Du mit einem schon vorbereiteten Käsebrett mit Butter und Baguette lösen. Die Baguettestangen solltest Du übrigens vor Gebrauch für zehn Minuten in die 100 Grad heiße Röhre schieben, dann werden sie fast wieder wie frische und sind warm! Aber vielleicht ist Deinen Gästen etwas aus dem Kochtopf lieber, dann koche irgendeinen Eintopf vor.

Gulaschsuppe

Da fangen wir doch gleich mal mit der Gulaschsuppe an. Basis dafür ist das richtige Gulasch (Seite 75). Schneide aber das Fleisch etwa um die Hälfte kleiner – es ist ja ein Löffelgericht! Am Schluß gib einfach einen Liter Wasser mehr dazu, und wenn Du keine Fleischbrühe hast, einfach einen Eßlöffel gekörnte Brühe noch mal dazu. Auch hier gilt: Die Suppe etwas andicken! Schüttelbecher zur Hälfte mit Wasser füllen, einen gehäuften Kaffeelöffel Mehl rein, gut durchschütteln und in die Suppe geben. Aufkochen lassen, zehn Minuten ziehen lassen. Na ja, eigentlich alles wie schon gehabt. Abschmecken. Die Gulaschsuppe muß richtig schön scharf sein. Du kannst wahrscheinlich ruhig noch etwas Pfeffer und Paprika reingeben. Wenn Du die Suppe ganz toll machen willst, gib in jede Portion einen Eßlöffel Crème fraîche, das schmeckt wunderbar. Sollte was übrigbleiben, in Portionen einfrieren, dann hast Du auch für Dich noch was.

Dicke Linsen

Auch aus Linsen kannst Du einen tollen Eintopf machen. Ein Kilogramm Linsen aus dem Paket in den 10-Liter-Topf schütten, der fast zur Hälfte mit Wasser voll sein muß. Mit großer Hitze zum Kochen bringen. Dann Hitze runterschalten, so daß die Linsen nur mehr köcheln. Jetzt erst die Zutaten reingeben: Zwei Eßlöffel gekörnte Brühe, zwei frische Grünzeug kleinschneiden und rein in den Topf. Wenn Du kein frisches hast, kannst Du auch getrocknetes nehmen, mindestens zwei Eßlöffel voll. Zwei kleine Löffelchen Salz und ebenso Pfeffer und einen gehäuften Eßlöffel Zucker. Ungefähr 45 Minuten köcheln lassen. Die Linsen werden jetzt sehr dick. Immer mal wieder ganz behutsam umrühren, auch am Boden aufrühren, damit nichts anbrennt, das passiert ganz schnell. Wenn Du probierst: Die Linsen müssen noch einen richtigen »Biß« haben. Also auf die Uhr gucken, sonst wird das Ganze schnell ein labbriger Brei. Während der Kochzeit der Linsen schneidest Du drei Zwiebeln klein und brätst sie in einer Pfanne mit Palmin goldgelb (gegen hellbraun habe ich auch nichts!). 200 Gramm geräuchertes Wammerl, ich bin mir nicht sicher, aber ich glaube, das heißt auch Bauchspeck, kleinschneiden und in einer eigenen Pfanne mit Pflanzenfett braun werden lassen. Stehenlassen, bis die Linsen fertig

Zutaten:

1 kg Linsen
2 EL
gekörnte Brühe
2 Grünzeug
3 Zwiebeln
200 g geräuchertes Wammerl
1 EL Mehl
2 EL Essig
1 EL Zucker
Salz, Pfeffer
pro Person
1 Paar Wiener

sind. Wenn die Suppe zu dünn ist, ist wieder der Schüttelbecher dran. Einen knappen Eßlöffel Mehl in den halb mit Wasser gefüllten Becher geben, gut durchschütteln und in die Linsen einrühren; einmal aufkochen, ziehen lassen. Immer wieder mit dem Kochlöffel sachte umrühren. Zwei Eßlöffel Essig rein, die Zwiebeln und das Wammerl auch einrühren, abschmecken.

Wenn die Linsen immer noch zu dünn sind, macht das gar nichts, im Gegenteil, es ist gut so, weil Du sie sonst nicht richtig aufwärmen kannst. Beim Servieren nimmst Du einfach die Lochkelle und gibst nur das Dicke in den Suppenteller. Der Clou bei diesem Gericht sind dann die heißen Würstchen. Pro Person ein Paar Wiener im heißen Wasser warm machen, auf einem Brettchen fingerdick schneiden und in den Suppenteller auf die Linsen geben. Das schmeckt einfach ganz toll. Baguette oder ein Stück Schwarzbrot dazu, und fertig ist eine herrliche Mitternachtsmahlzeit. Du wirst sehen, Deine Gäste werden begeistert sein! Ein Fläschchen Essig solltest Du bereithalten, es gibt viele, die mögen die Linsen sehr sauer – aber das kann dann ja jeder machen, wie es ihm beliebt.

Auch Gourmets sind einem deftigen Eintopf nicht abgeneigt, jedenfalls habe ich diese Erfahrung gemacht. »Sterne«-Köche gehen, glaube ich, gerne aushäusig essen. Untereinander besuchen sie sich sowieso sooft es ihre Zeit zuläßt. Man muß ja wissen, was die Konkurrenz so alles Neues auf den Tisch bringt. Es gab eine Zeit, da trafen sich alle paar Wochen einige Sterneköche in München, um bei den Kollegen essen zu gehen oder sich zu versichern, was in diesem oder jenem Lokal so heranwächst. Diese Starköche hören küchenmäßig nicht nur das Gras wachsen, sie wittern sogar ihre jungen aufstrebenden Kollegen. Jedesmal fand der Abschluß eines solchen Abends im Simpl statt. Sie kamen von einem sieben- bis zehngängigen Menü, und was bestellten sie dann bei uns? Ein frisch gezapftes Pils und – Dicke Linsen mit Würstchen. Es war eine Freude, ihnen beim Essen zuzugucken, bis in den Tellern nicht mehr die kleinste Linse zu finden war. Das hat mir wohlgetan, daß selbst die genialsten Köche noch gerne aus »Mutterns« Küche gegessen haben. Sichtlich haben sie den »Boden« nie verloren. Vielleicht war das mit ein Grund ihres Erfolges?

Gemüseeintopf

Der Gemüseeintopf fängt auch fast wie Gulasch an. 200 Gramm Rouladenfleisch vom Rind, ebensoviel Schweineschnitzel und Kalbsschnitzel kaufen. Drei kleingeschnittene Zwiebeln anbraten, Fleisch in gleicher Reihenfolge wie beim Gulasch (Seite 75) dazugeben und 15 Minuten schmoren lassen. Mit eineinhalb Liter Wasser aufgießen, ein Suppenlöffel gekörnte Brühe dazu. Ein halbes Kilogramm frischer Karotten, putzen und kleinschneiden, auch rein,

Zutaten:
200 g Rouladenfleisch
200 g Schweineschnitzel
200 g Kalbsschnitzel
3 Zwiebeln
500 g Karotten
2 Grünzeug
5–6 Kartoffeln
1 kleine Dose Erbsen
1 kleine Dose Bohnen
1 EL gekörnte Brühe

zwei kleingeschnittene frische Grünzeug, ein kleines Löfferl Salz und Pfeffer. 45 Minuten kochen lassen. Währenddessen fünf bis sechs Kartoffeln schälen, in drei bis vier Zentimeter kleine Stücke schneiden und sofort in eine Schüssel mit kaltem Wasser legen. Nach den 90 Minuten Kochzeit die Kartoffeln aus dem Wasser in den Topf dazu. 15 Minuten kochen. Die Kartoffeln obenauf liegenlassen, sie müssen aber ganz mit Flüssigkeit bedeckt sein. Also, was fehlt, nachfüllen. Dann eine kleine Dose grüne Erbsen und grüne Bohnen ohne das Eigenwasser aus der Dose in den Topf dazu. Jetzt kannst Du vorsichtig alles durcheinanderrühren, wieder zehn Minuten kochen lassen. Eigentlich solltest Du die Suppe nicht andicken müssen, durch die Stärke der Kartoffeln wird sie ein bißchen sämig sein. Wie auch immer – um Himmels willen nie mit Mehl da drangehen. Kannst ja auch wieder die Lochkelle beim Servieren nehmen, dann bleibt das Dünne im Topf. Wird auch nur mit Brot serviert oder auch gar nichts, es sind ja die Kartoffeln schon drin.

Szegediner Gulasch

Das Szegediner Gulasch ist auch ein wunderbares Eintopfgericht. 500 Gramm von der Schweineschulter in vier Zentimeter große Würfel schneiden. Im großen, breiten Topf zwei Eßlöffel Palmin heiß werden lassen. Das Schweinefleisch reingeben und anbraten. Das Fleisch darf schon ein bißchen braun werden. Nach fünfzehn Minuten mit eineinhalb Liter kaltem Wasser ablöschen. Den Fond am Boden aufkratzen. Dazu ein kleiner Löffel Salz und Pfeffer, vier Eßlöffel Ketchup, ein Eßlöffel Tomatenmark, ein kleiner Löffel süßer und scharfer Paprika, ein Eßlöffel gekörnte Brühe und eine 500-Gramm-Dose Sauerkraut. Umrühren, aufkochen, 90 Minuten bei mittlerer Hitze kochen. Immer mal umrühren und nachsehen, ob noch genug Flüssigkeit im Topf ist. Während der Garzeit zehn normal große Kartoffeln schälen und in nicht zu kleine Stücke in eine Schüssel mit kaltem Wasser legen. Nach den 90 Minuten die Kartoffeln ohne Wasser mit hineingeben, sie müssen ganz mit der Brühe bedeckt sein. Obenauf liegenlassen. Wieder zum Kochen bringen, noch mal 15 Minuten kochen. Jetzt vorsichtig durcheinanderheben. Vor dem Servieren einen Viertelliter sauren Rahm einrühren. Ein Körbchen mit Brot solltest Du trotz der Kartoffeln mit auf den Tisch stellen, das schmeckt sehr gut dazu.

> Zutaten:
> 500 g Schweineschulter
> 500 g Sauerkraut
> 1/4 l Sauerrahm
> 4 EL Ketchup
> 1 EL Tomatenmark
> 1 EL gekörnte Brühe
> Paprika (süß und scharf)
> Salz, Pfeffer

Wie ich schon gesagt habe, alles, was übrigbleibt, kannst Du einfrieren. Bei den Dicken Linsen solltest Du darauf achten, daß kein Würstchen mit dabei ist. Das schmeckt eingefroren wirklich nicht mehr! Ansonsten geht alles problemlos!

In meiner Erinnerung gibt es manche Gerichte, die direkt in mein Leben eingegriffen haben, von einem möchte ich Dir erzählen.
Ich hatte in meiner Kneipe Bier aus Stuttgart, »Dinkelacker«. Immer wieder mußte ich mir den Vorwurf anhören, ob ich mich nicht schämen

würde, in dem traditionsreichsten Lokal der Stadt München ein Stuttgarter Bier auszuschenken. Auch meine Rechtfertigungsrede, daß ich vor vielen Jahren unbedingt Pils vom Faß haben wollte, daß keine Münchner Brauerei dieses Bier in München im Angebot hatte – auch das zählte nicht. Es sei ja gut so gewesen, alles hätte sich geändert, und nun hätte jede Münchner Brauerei Pils vom Faß. Diesem Lokalpatriotismus habe ich mich gebeugt! Löwenbräu und ich wollten eine Bierehe eingehen, alles war schon zur vollsten Zufriedenheit beider Seiten geregelt. Albert Riedl, der damalige Chef der Brauerei, bot mir wunderbare Konditionen an. Nur das O.K. vom Besitzer der Brauerei, August von Finck, fehlte noch. Es hieß, er wolle zuerst das Lokal sehen und natürlich auch mich begutachten, erst dann wolle er sich entscheiden. Sein Besuch war angesagt. Die Löwenbräutruppe und ich waren sehr nervös. Wir wollten die geplante Verbindung unbedingt eingehen. Der Big Boss kam. Bedeutungsloses Palaver. Er wollte zu Abend essen. Ich reichte allen die Karte, er las ein bißchen und fragte mich, was ich denn essen würde. Ich sagte ihm, daß ich nicht so furchtbar gerne Fleisch esse und mir deshalb einen Käsepfannkuchen mit Rahmspinat bestellen würde. Ungläubig fragte er mich, ob es dieses Gericht denn auch für Gäste gäbe. Ich zeigte ihm die Speisekarte, da stand es ja zu lesen. Da nahm er mich in den Arm, meinte, das sei ein gutes Omen, Käsepfannkuchen hätte er in seiner Kindheit leidenschaftlich gern gegessen und später einfach nicht mehr daran gedacht. Der Abend war gelaufen – wir hatten gewonnen. Die Ehe »Löwenbräu« und »Alter Simpl« war besiegelt.

Käsepfannkuchen mit Rahmspinat

Den Spinat (Seite 57) mußt Du schon fertig haben, wenn Du den Pfannkuchen (Seite 26) machst. Alles so, wie ich es schon geschrieben habe. Wenn Du den Pfannkuchen umdrehst, gib drei Scheiben Käse (fertig zu kaufen als Käse zum Toasten, Emmentaler schmeckt am besten!) auf die eine Hälfte des Pfannkuchens. Richtig schön obenauf legen, manchmal lappt er über, weil die Scheiben größer sind

ständlich erklärt? Einen großen Topf, in dem der ganze Kohlkopf Platz haben muß, zur Hälfte mit Wasser füllen, zum Kochen bringen. Dann den Kopf für zwei Minuten hineinlegen, mit der Lochkelle wieder rausholen, auf ein Brett legen, und die einzelnen Blätter abziehen: Blatt für Blatt. Wenn das nicht mehr geht, den Kopf wieder für zwei Minuten in das kochende Wasser legen. Dann weiter, bis der ganze Kopf in seine Blätter zerlegt ist. Ich habe am Anfang vergessen, daß Du natürlich die groben und schmutzigen Außenblätter entfernen und wegwerfen mußt. Trotzdem solltest Du jetzt noch mal die Blätter angucken nach eventuellen kleinen Mitbewohnern, die sich gerne in Kohlköpfen einmieten. Kleine Raupen oder ähnliches.

Jetzt kannst Du Deine Karriere als Verpackungskünstler beginnen. Lege Dir eine Rolle Nähgarn zurecht, eine Nähseide ist am besten, sie reißt nicht so schnell. Nimm eine Portion Fleisch, wie für ein Pflanzerl, in die Hand und rolle eine dicke, etwa fünf Zentimeter lange Wurst in der Hand, dann nimm ein großes Weißkohlblatt, in das Du ruhig zwei bis drei kleine hineinlegen kannst. Da hinein rollst Du das Fleisch und machst ein Päckchen daraus. Das Fleisch darf nicht rausgucken, alles muß mit Kohl bedeckt sein. Das Päckchen mit einer Hand festhalten und mit der anderen den Faden herumwickeln. So zwei- bis dreimal der Breite und der Länge nach. Nicht so fest anziehen, weil der Faden sonst das Weißkraut durchschneidet. Den Fadenrest schiebst Du unter ein Stück anderen Faden, das hält dann schon. Vielleicht bin ich auch jetzt schon bescheuert, daß ich Dir so genau

> Zutaten:
> 500 g Hackfleisch
> 1 Kopf Weißkraut
> 1 Zwiebel
> 1 Bund Petersilie
> 2 alte Semmeln
> 1 Ei
> Salz, Pfeffer
> Oregano,
> Thymian
> Basilikum

beschreibe, wie man ein Päckchen macht. Aber mit Fleisch und Weißkohl macht man halt so selten eines! Die ganze Fleischmasse zu Rouladen verarbeiten. Und immer mehrere Kohlblätter nehmen. Den Rest des Krauts schneidest Du recht grob und gibst es in den großen, breiten Topf, in dem Du schon zwei Eßlöffel Palmin heiß gemacht hast. Ein paarmal umrühren, die Stückchen zur Seite schieben, die Kohlrouladen in die Mitte setzen, anbraten, umdrehen, bis sie von allen Seiten angebraten sind. Mit einem halben Liter Wasser aufgießen, den Boden abkratzen, eine Stunde vor sich hinköcheln lassen und immer mal wieder umdrehen. Flüssigkeit kontrollieren! Am Schluß kannst Du noch mal ein wenig Wasser dazugeben, den Fond vom Boden kratzen, salzen und mit Pfeffer überhauchen. Mit den losen Kohlblättern gibt es eine wunderbare dicke Soße. Salz- oder Pellkartoffeln dazu (Seite 31). Wenn die Kohlroulade auf dem Teller liegt, als erstes natürlich den Faden entfernen!

Bauernomelett

Das Bauernomelett wird für mich immer mit dem großen Komponisten Ralph Siegel verbunden sein. Nach einem unendlich langen und anstrengenden Arbeitstag konnte ich ihn immer verstehen, wenn er sich auf ein solch deftiges Gericht gestürzt hat. Es gehört ja zu den vielen Vorurteilen, die man sogenannten »Promis« gegenüber hegt und pflegt, daß sie sich ausschließlich von Austern und erlesenen Flußkrebsen ernähren. Weit gefehlt! Sie sind, einige Ausnahmen bestätigen natürlich die Regel, ganz normale Menschen.
Ein Weltstar hat das auf den Punkt gebracht. Als Curd Jürgens zum ersten Mal in mein Lokal kam, beugte er sich zu meinem Ohr runter und flüsterte: »Muß ich bei dir Champagner trinken und Kaviar essen, oder darf ich auch ein Pils und eine Schmalzstulle bestellen?« Er durfte und war ab da nicht nur ein Stammgast, der Simpl wurde wie für viele andere sein zweites Wohnzimmer.

Zurück zum Bauernomelett. 100 Gramm Wammerl kleinschneiden, nicht zu winzig, in einer Pfanne mit zwei Eßlöffeln Palmin heiß werden lassen. Die Pfanne sollte ungefähr die Größe eines Eßtellers haben. Eine Zwiebel kleinschneiden, bei mittlerer Hitze mitbraten. Fünf Minuten braten lassen. Drei normal große, gekochte Kartoffeln in Scheiben schneiden, nicht ganz dünn. Auf das Wammerl und die Zwiebeln legen. Zwei Prisen Salz und Pfeffer und einen Suppenlöffel Majoran drüberstreuen. Jetzt erst durcheinanderschaufeln, zehn Minuten braten lassen, immer wieder umdrehen.

In einem Schüsselchen zwei ganze Eier verkleppern. Nur ein bißchen Salz und Pfeffer – einen Hauch – an die Eier. Die Eier gut über die ganze Pfanne verteilen, nicht mehr umrühren. Es kann leicht sein, daß es bis zu fünf Minuten dauert, bis die Eier durch sind. Das Omelett aus der Pfanne auf den Teller rutschen lassen, eine große Portion grünen Salat (Seite 126) dazu. Wer das gegessen hat, ist wirklich satt.

Dem Ralph verdanke ich, daß das Bauernomelett bei uns so populär geworden ist. »Wenn der Siegel das dauernd ißt, dann muß das doch

Zutaten:
2 Eier
100 g Wammerl
1 Zwiebel
3 gekochte Kartoffeln
Salz, Pfeffer
Majoran

was Besonderes sein«, hieß es alsbald. Über meinen Freund Ralph Siegel könnte ich Dir noch so viel erzählen – aber dies wird ein Kochbuch, und wir müssen weiter.

Strammer Max

Zwei feine Brote möchte ich Dir nicht vorenthalten. Das erste heißt bei uns »Strammer Max«, sicher gibt es dafür in vielen Gegenden andere Bezeichnungen.

Eine große Scheibe Schwarzbrot – das schon vorgeschnittene aus einem Paket eignet sich dafür am besten – mit Butter bestreichen. 100 Gramm Schwarzwälder Schinken, eine dicke Scheibe, so klein wie möglich in Miniwürfelchen schneiden. Auf das Butterbrot dick verteilen, richtig mit der flachen Hand auf das Brot fest andrücken, daß nichts runterfallen kann. In der Pfanne zwei Spiegeleier (Seite 19) braten, nicht viel würzen, der Schinken ist schon sehr scharf, und aus der Pfanne auf das Brot geben. Ein Teller ist gut, wir haben es immer auf einem Holzbrettchen serviert.

Ein großer und äußerst erfolgreicher Popstar, dessen Namen ich hier nicht nennen möchte, hat das mit Leidenschaft gegessen. Zu unserer großen Freude! Der Stammtisch sah anschließend immer wie ein Schlachtfeld aus! Macht nichts – ein bißchen schwierig zu essen ist dieses Brot ja wirklich. Aber auch sooo gut.

Fischerfrühstück

Das zweite Brot heißt bei uns Fischerfrühstück. Der Name ist bestimmt ebenfalls regional verschieden. Auch so eine große Scheibe schwarzes Bauernbrot mit Butter bestreichen und ganz dick mit etwa 100 Gramm frischen Nordseekrabben belegen. Zwei Spiegeleier obenauf – also sehr viel leichter ist das auch nicht zu verspeisen als der Stramme Max!

Pellkartoffeln mit Stinkkäse

Bei den Gerichten, die ich nicht einordnen kann, fällt mir gleich noch ein ganz einfaches ein:
Das mache ich nur, wenn »Neue« oder »Frühkartoffeln« auf dem Markt zu haben sind. Die Kartoffeln gut waschen, weil sie mit der Schale gegessen werden. Pellkartoffeln kochen. Wenn sie fertig sind, auf einen Teller geben mit einem großen Stück frischer Butter und einem Stück Käse, der innerhalb von vier Wänden verboten sein sollte, weil er so stinkt. Den Salzstreuer nicht vergessen! Du mußt das mal versuchen – das ist eine Wucht! Wenn Du diese Mahlzeit nicht alleine einnehmen willst, solltest Du Dein Gegenüber schon sehr gut kennen. Ein Romadur, Limburger oder wie diese herrlichen, stinkenden Käsesorten immer heißen mögen, sind nicht jedermanns Geschmack.

Zu einem weiteren Gericht, das eigentlich gar kein richtiges ist, fällt mir das Multitalent Horst Jüssen ein. Als wir den Schauspieler, Kabarettisten und Autoren vor vielen Jahren kennenlernten, ernährte er sich in der Hauptsache von Mettbrötchen. Ein kochunbegabter Junggeselle eben. Ernährungswissenschaftlich bin ich mir nicht so sicher, ob diese Vorliebe das »Gelbe vom Ei« ist. Horst war immer fröhlich und witzig, ein freches Bonmot jagte das andere, und er war schlank wie eine Tanne, obwohl er ungern das schottische Grundnahrungsmittel namens Whisky ablehnte. So ungesund kann das alles also auch nicht gewesen sein.

Seine ihm so lieb gewordenen Eßgewohnheiten hat ihm eine wunderbare junge Frau abgewöhnt, die dazu ein ganz großer Star war und heute noch ist: Lena Valaitis. Sie ist nicht nur mit einer außergewöhnlichen Stimme begnadet, sondern auch eine fabelhafte Köchin! Die beiden haben geheiratet – nicht nur wegen der geregelten Mahlzeiten –, zwei Söhne großgezogen und sitzen heute noch immer glücklich um einen großen Eßtisch. Natürlich weiß Horst inzwischen, daß es außer dem Messer, mit dem er immer seine Mettbrötchen bestrichen hat, auch noch für die Gabel eine vielseitige Verwendung gibt. Aber zugenommen hat er bis heute nicht. Wieso eigentlich nicht? Lena kocht doch so einmalig gut – es wird wohl ihr Geheimnis bleiben!

Mett ist übrigens rohes Schweinefleisch, das mit dem Fett durch den Fleischwolf getrieben ist. Du kannst es schon fertig angemacht bei jedem Metzger kaufen. Und – es schmeckt wirklich gut!

Die Salate und auch die, die nicht unter Grünfutter fallen

»Salat« ist doch ein merkwürdiges Wort als Bezeichnung für so verschiedene Nahrungsmittel wie grüner Kopfsalat, dicker Bohnensalat bis hin zum Hummersalat. Es hat mich schon interessiert, woher dieser Name eigentlich kommt. Ein Historiker hat mich einmal, als ich noch ein junges Mädchen war, beim Jahreszahlenbüffeln für Geschichte beobachtet. Er hat mich mit einem wunderbaren Satz, den ich mein ganzes Leben lang verinnerlicht habe, getröstet: »Du mußt keine Jahreszahlen genau kennen, du mußt die großen Zusammenhänge verstehen, eine gewisse Zeitspanne zum Beispiel, und jetzt kommt das Wichtigste: Du mußt sofort wissen, wo du was nachschauen oder nachlesen kannst. Umgib dich mit Nachschlagewerken aller Art, und du wirst immer alles ganz genau wissen.« Für jenen Moment hat mir diese Weisheit nicht sehr viel gegeben. Mein Geschichtsprofessor in der Schule wollte nämlich sofort und ganz präzise von mir erfahren, wann die Punischen Kriege stattfanden! (Das kannst Du jetzt selber nachlesen, hoffentlich weißt Du auch, wo!) Aber für später fand ich das richtig toll.

Wie Du schon bemerkt hast, lebe ich mit Lexika und kann sofort nachgucken, wenn sich Fragen auftun – so geschehen beim Salat. Das

Etymologische Wörterbuch von Kluge ist eine wahre Fundgrube: Salat kommt aus dem Italienischen – (in)salata – und wurde im Mittelhochdeutschen (zweite Hälfte des 15. Jahrhunderts – habe ich natürlich im Brockhaus nachgelesen) in die deutsche Sprache übernommen. Im Italienischen heißt das Wort soviel wie »einsalzen«. Jetzt wird das Wort Salat für mich schon viel logischer. Fangen wir also gleich mit dem Salat an, von dem sich viele der jungen Damen in meiner Kneipe ernährt haben.

Simpl-Salat

Zwei Tomaten in Scheiben geschnitten in eine Schüssel, eine halbe Paprikaschote vom Innenleben befreien, in schmale Streifen schneiden, auch dazu. Zehn Zentimeter einer frischen Gurke schälen und in die Schüssel hobeln, fünf bis sechs Blatt Radicchio und fünf bis sechs Blatt vom grünen Kopfsalat waschen, etwas kleinreißen und auch hinein. In einer anderen Schüssel machst Du die Marinade: Drei Eßlöffel Olivenöl, ein Eßlöffel Essig, ein Kaffeelöffel Zucker, Salz und Pfeffer hast Du, glaube ich, mittlerweile schon im Gefühl. Das Ganze mit zwei Eßlöffeln Crème fraîche oder einfachem Joghurt verrühren, mit dem Schneebesen. Es kann Dir passieren, daß sich die Crème fraîche oder der Joghurt nicht mit der übrigen Marinade verbinden. Das macht nichts, aber meistens geht es gut glattzurühren. Die Marinade über den Salat schütten und ihn mit beiden Händen (ja, Händen!) durcheinanderheben. Schön vorsichtig, ganz locker, nichts »knatschen«. Die Gurkenscheiben bleiben gerne aneinander kleben, schiebe sie einfach auseinander. Obenauf gibst Du jetzt gut verteilt 50 Gramm Thunfisch ohne Öl, das ist etwa die Hälfte aus einer Dose – mit den Fingern in kleine Stückchen brechen. 50 Gramm griechischen Schafskäse in kleine Würfel geschnitten

Zutaten:
2 Tomaten
1 Paprikaschote
1 Stück frische Gurke
5–6 Blatt Radicchio
5–6 Blatt Kopfsalat
50 g Thunfisch
50 g Schafskäse
je 5 schwarze und grüne Oliven
Gemüsemais
2 harte Eier

verteilen, fünf grüne und fünf schwarze Oliven, und über das alles streust Du eine gute Handvoll Gemüsemais aus der Dose. Das sieht schon sehr einladend aus! Wenn der Hunger groß ist, koche pro Salatschüssel etwa zwei Eier hart (Seite 19), abschrecken nicht vergessen, sofort schälen und achteln. Die einzelnen Teile wie Schiffchen außen herum an den Schüsselrand drapieren. Die Eier etwas salzen. Dieser Salat ist sehr lecker, erfrischend, gesund und macht ungeheuer satt. Ein schönes Essen für heiße Sommertage.

Kopfsalat

Wie Du meinen bisherigen Reden entnehmen konntest, bin ich ein großer Fan von grünem Kopfsalat. In Restaurants bekommt man ihn immer seltener, weil er nicht so haltbar ist. Leider gibt es dafür lauter grüne Blattsalate, bei denen man das Gebiß eines Bibers haben oder eine kleine Kreissäge im Mund eingebaut haben muß. Vom grünen Kopfsalat nimmst Du die einzelnen Blätter vorsichtig vom Strunk ab, die äußeren, die vielleicht ein bißchen angegammelt sind, wegwerfen. Aber nicht die ganz tiefgrünen Blätter, wenn sie sauber sind. Die schmecken nicht nur am besten, sie haben auch die meisten Vitamine. Die Blätter zur Seite legen.

Die **Marinade** solltest Du so machen, wie sie Dir am besten schmeckt. Hier drei Vorschläge:

Version 1: Zwei Eßlöffel Olivenöl, ein Eßlöffel Essig, ein Kaffeelöffel Zucker, etwas Salz und Pfeffer und ein viertel Liter kaltes Wasser. Alles mit dem Schneebesen gut durchschlagen.

Version 2: Zu der oben beschriebenen Marinade kannst Du auch einen Eßlöffel Crème fraîche oder Joghurt geben.

Version 3: Wie Nummer 1, aber ohne Öl und Wasser. In einer kleinen Pfanne 50 Gramm weißen Speck in Würfel geschnitten zu Grieben ausbraten. Ein bißchen auskühlen lassen und mit dem Fett über den grünen Salat gießen. So mag ich den Salat besonders gerne. Man muß ihn nur bald essen, weil er durch das ja noch heiße Fett etwas labbrig wird. Das macht nichts, es schmeckt köstlich. Aber weiter mit den grünen Salatblättern. Die kannst Du getrost mundgerecht zerreißen und wäschst sie ganz vorsichtig in einer großen Schüssel mit kaltem Wasser. Aber erst ganz kurz vor dem Servieren. Mit beiden Händen ein paar Blätter rausnehmen, das Wasser zwischen den Fingern abtropfen lassen, nicht drücken. Alle Blätter in die Schüssel mit der Marinade geben und ganz behutsam mit dem Salatbesteck umdrehen. Kleingeschnittenen Schnittlauch drüber. Merke: Den grünen Kopfsalat machst Du als allerletztes an. Die Reste kannst Du leider nicht aufheben. Sofort weg damit. Die Blätter werden recht schnell bitter.

Feldsalat

Feldsalat (Rapunzel, Nisslsalat) ist ähnlich empfindlich. Die einzelnen Pflänzchen sauber putzen, die dicken Stiele abmachen. Du mußt wirklich jedes einzelne in die Hand nehmen. Auch nach eventuellem Getier gucken. Marinade zubereiten: Nr. 1 plus einer großen, durchgepreßten Knoblauchzehe. Den Salat vorsichtig waschen, abtropfen lassen, in die Marinade geben und durchheben. Mit Feldsalat kannst Du aber auch ein ganzes Gericht zaubern. Ein Putenschnitzel klopfen, salzen und pfeffern, in Streifen schneiden, in der Pfanne mit Butter braten. Das dauert wirklich nur Minuten. Den Salat in einen Suppenteller geben, mit möglichst wenig Marinade, die Putenstücke auf den Salat. Verspeisen!

Walter Buschhoff, dieser großartige Schauspieler (unser aller Vinzenz aus dem Forsthaus Falkenau), dessen zweite Heimat auch der Simpl war, hatte Gewichtsprobleme wie ein Mannequin. Wehe, wenn irgendwo ein kleines Pölsterchen zu sehen war – nein, nicht mal zu sehen, nur für ihn zu spüren, schon verweigerte er jedwede Nahrungsaufnahme. Er verköstigte sich dann nur mehr mit dünner Weinschorle. Ihm habe ich, wenn wieder mal die große Hungerkur angesagt war, Feldsalat mit Putenschnitzel verordnet, damit er wenigstens ein bißchen was in den Magen bekam. Unter meiner strengen Aufsicht hat er auch gegessen, aber mit den traurigsten Augen der Welt. Nicht, weil der Salat ihm nicht geschmeckt hätte, aber nein, er rechnete bei jedem Bissen die Kalorien mit. Weißwein mit Mineralwasser hätte nämlich überhaupt keine, versuchte er mir immer weiszumachen. Welch ein Irrtum!

Tomatensalat – Paprikasalat – Gurkensalat

Für Tomatensalat die Tomaten waschen und in Scheiben schneiden oder achteln, wie Du Lust hast. Den Stielansatz rausschneiden. Die Tomaten in die Schüssel mit Marinade Nr. 1 geben. Du solltest aber auch mal die Nr. 2 dazu probieren, auch das schmeckt gut. Schnittlauch drüber – nein, natürlich nicht die Stengel einfach drauflegen, schon ganz klein schneiden! Den Tomatensalat mußt Du schon etwas eher anrichten. Es ist gut, wenn er ein bißchen in der Marinade zieht.

Paprikasalat: Zwei große Paprika auseinanderschneiden, die Kerne und die weißen Weichteile, ich sage immer die »Wolle«, rausnehmen, innen und außen waschen und in kleine Streifen schneiden. In Marinade Nr. 1 oder 2 geben. Soll auch ziehen.

Für Gurkensalat schälst Du eine lange frische Gurke mit dem Kartoffelschäler von oben nach unten. Beide Enden dick abschneiden und ein Stückchen probieren, ob es bitter ist. Kommt leider manchmal vor. Als Marinade nehme ich Nr. 1 ohne den Zucker, gebe aber noch zwei Eßlöffel saure Sahne dazu und einen großen Löffel kleingeschnittenen frischen Dill. Wenn keiner im Haus ist, kannst Du natürlich auch getrocknete Dillspitzen nehmen, aber davon nur einen Kaffeelöffel voll. Die Gurken rein, eventuell mußt Du sie mit der Hand etwas auseinanderschieben. Mindestens eine halbe Stunde ziehen lassen.

Mozzarella mit Tomaten

In Verbindung mit Tomaten gibt es noch ein Gericht, das eigentlich gar kein richtiger Salat ist. Oder doch? Mozzarella mit Tomaten. Den Mozzarella aus dem Päckchen nehmen, das Wasser wegschütten und auf einem Brettchen in dünne Scheiben schneiden. Na ja, so dünn wie möglich. Ich weiß, er ist schwer zu schneiden. Drei Tomaten ebenfalls in Scheiben schneiden. Auf einen flachen Teller legst Du immer eine Reihe Tomaten, eine Reihe Mozzarella so hintereinander, daß die Vorreihe noch zur Hälfte sichtbar ist, bis nichts mehr da ist. Mit den Tomaten solltest Du anfangen und auch enden. Wenn die drei Tomaten nicht reichen, schneide welche nach. Salzen und pfeffern und ein kalt geschlagenes Öl drübergießen. Damit mußt Du nicht sparsam sein. Viele Blätter frisches Basilikum auf den Käse und die Tomaten legen oder ein getrocknetes drüberbröseln. Ach ja, ich bin schon wieder bei einem frischen Baguette. Dazu schmeckt es besonders köstlich.

Kartoffelsalat

In dem Kartoffeldämpfer koche etwa ein Kilogramm Kartoffeln für den Kartoffelsalat. Die Pellkartoffeln (Seite 31) noch heiß abpellen und auskühlen lassen. Dann schneidest Du sie so dünn, wie Du kannst, in Scheiben in eine Schüssel. Einen Viertelliter Fleischbrühe (Seite 23) vorbereiten. Wenn Du keine echte hast, koche aus Wasser und einem Kaffeelöffel gekörnte Brühe eine auf. In die Salatschüssel gibst Du nun drei Eßlöffel Olivenöl, einen Eßlöffel Essig, einen halben Kaffeelöffel Salz, eine Prise Pfeffer und eine kleingeschnittene Zwiebel. Zwei Eßlöffel kaltes Wasser dazu, gut vermengen. Die geschnittenen Kartoffeln reingeben und mit beiden Händen locker durchheben. Eine halbe Stunde ziehen lassen. Die Brühe nur heiß werden lassen und über die

Zutaten:
1 kg Kartoffeln
1/4 l Fleischbrühe
1 Zwiebel
3 EL Olivenöl
1 EL Essig
Schnittlauch

129

Kartoffeln gießen. Noch mal mit dem Salatbesteck alles unterheben, gleich auf den Teller. Ein lauwarmer Kartoffelsalat ist was Wunderbares. Den kleingeschnittenen Schnittlauch kannst Du über die Portion auf den Teller geben oder auch schon in die Schüssel.

Wenn Du **Bayerischen Kartoffelsalat** haben möchtest, hoble einfach eine halbe geschälte frische Gurke mit in die Salatschüssel hinein. Schon fertig.

Mit der gleichen Menge Pellkartoffeln, dünn in Scheiben geschnitten, kannst Du auch einen herrlichen **Mayonnaisen-Kartoffelsalat** herstellen. Für die Marinade brauchst Du zwei Eßlöffel Mayonnaise und verrührst sie mit Kondensmilch zu einer dickflüssigen Masse. Wieviel Milch Du dazu brauchst, kann ich nicht genau beurteilen, das hängt von der Mayonnaise ab. Wenn die Soße dick vom Kochlöffel läuft, ist sie richtig. Also gib die Milch in kleinen Mengen ein. Die gleiche Menge, die Du an Dosenmilch reingerührt hast, gibst Du jetzt noch Wasser dazu. So, und jetzt kommt noch rein: eine kleingeschnittene Zwiebel, 150 Gramm Lyoner Wurst (ich habe keine blasse Ahnung, wie die noch heißen könnte) und zwei mittelgroße Essiggurken, beides klein gewürfelt. Einen Kaffeelöffel Salz, einen halben mit Pfeffer, die Kartoffelscheiben rein und mit dem Kochlöffel richtig durchrühren. Mindestens eine Stunde ziehen lassen und noch mal durchmengen. Im Eisschrank ein paar Stunden stehenlassen. Vor dem Verzehr noch mal alles durchrühren und probieren, eventuell nachwürzen. Diese Art Kartoffelsalat hat es bei mir immer gegeben. Die Gäste haben ihn geliebt, weil man bei einem mehr oder weniger trockenen Schnitzel oder bei den Fleischpflanzerl ein ganz klein wenig wunderbare Soße dabei hatte. Außerdem ist diese Art leicht bis zum nächsten Tag haltbar, fast bin ich versucht zu sagen, daß er da noch besser schmeckt, weil er dann erst richtig durchgezogen ist. Aber wie immer: Ausnahmen bestätigen die Regel. Natürlich gab es auch Gäste, die diesen schrecklichen »Preußensalat« kategorisch abgelehnt haben. Na ja, dann haben wir für unsere eingefleischten Bajuwaren schnell einen normalen gemacht.

Zutaten:
1 kg Kartoffeln
150 g Lyoner Wurst
2 Essiggurken
2 EL Mayonnaise
Kondensmilch
Salz, Pfeffer

Chicoré

Die Soße für den Chicoré ist eine schnelle Angelegenheit: zwei Eßlöffel Mayonnaise mit drei Eßlöffeln Ketchup glattrühren. Das war's dann auch schon. Wenn Dir die Soße nicht scharf genug ist, kannst Du ja noch Salz und Pfeffer dazugeben. Ich mag das nicht.
Den Chicoré am dicken Ende abschneiden, vorsichtig die einzelnen Blätter abpflücken und in kaltem Wasser waschen, abtropfen lassen. Die Blätter werden in ein Schüsserl hintereinander gestapelt, die Soße in kleine Schälchen gegeben. Dieser Salat wird mit den Fingern gegessen! Ein Salatblatt nehmen, aus dem Dip ein bißchen was aufnehmen, abbeißen und so weiter. Das schmeckt herrlich frisch.

Krebssalat

Wenn Du mal einen ganz besonderen Salat machen willst, kaufe eine Dose Crabmeat. Dose öffnen, das Krebsfleisch herausheben, es ist in Ölpapier eingewickelt, und auf einen Teller geben. Von allen durchsichtigen Grannen (das sind die Gräten des Krebses) befreien. Du mußt wirklich fast jedes Stück untersuchen, es ist sehr unangenehm, so eine Granne in den Mund zu bekommen. Für zwei Portionen reicht so eine Dose. Du machst die gleiche Soße wie für den Chicoree und vermischst sie mit dem Krebsfleisch. Auf zwei kleine Schüsselchen verteilen – Du kannst auch Sektschalen dafür hernehmen –, in die Du vorher ein großes Salatblatt gelegt hast, fertig. Köstlich ist ein warmer Toast dazu. Als Vorspeise ist es fast zuviel, als Hauptgericht zu wenig, aber ein wunderbares Zwischengericht, wenn man ein bißchen Hunger hat. Was für eine teure »Brotzeit«! Aber sehr exklusiv!!!! Du wirst schon wissen, bei welcher Gelegenheit!
Anstatt Crabmeat kannst Du auch frische Krabben, so um die 100 Gramm pro Person, verwenden.

Frische Krabben aus Büsum sind für mich die besten. Natürlich – ich hatte ja auch noch das Glück, sie frisch gefangen vom Kutter zu essen. Das gibt es, glaube ich, heute gar nicht mehr. Und das Auspulen mußte ich auch erst lernen. Vielleicht habe ich mich ein bißchen doof angestellt, ich weiß es nicht genau, jedenfalls war ich für die mich belehrenden Fischer ein Quell der Freude. Sie haben sich über mich halb totgelacht. Bei diesem meinem ersten großen Ausflug an die stürmische Nordsee habe ich viel gelernt. Zum Beispiel, daß ich falsch angezogen war. Ein Stadtkind halt. Mit einem dicken, bodenlangen Mantel und einem verwegenen Hütchen auf dem Kopf glaubte ich, bestens gegen Sturm und Regen gerüstet zu sein. Jetzt war ich schon mal da, also wollte ich auch bei miesestem Wetter an die Luft. Was für ein komischer Anblick muß ich gewesen sein! Wie eine Figur aus Theodor Storms Schimmelreiter; dazu noch bewaffnet mit dem Schirm des Armen Poeten von Spitzweg, kämpfte ich einsam auf dem Deich mit Wind und Regen. Einer meiner neuen Fischerfreunde, den ich wegen des Wetters anmotzte, sagte mir nur ganz cool: »Es gibt kein schlechtes Wetter, es gibt nur falsche Klamotten.« Das war's dann. Eine gelbe Fischerhose, Gummistiefel und ein Friesennerz wurden gekauft. Das wirklich scheußliche Wetter hat mich nicht mehr gestört, im Gegenteil, auf einmal fand ich es ganz toll!

Der Nachtisch
und was es nur in
Bayern gibt

Vorweg eine kleine Vorgeschichte zum Dessert = Nachtisch, ein überaus lustiges Mißverständnis betreffend. Der Schauplatz ist Berlin Anfang der 70er Jahre, Filmfestspiele, Hotel Kempinski. Karsten Peters, damals stellvertretender Chefredakteur und Leiter des Feuilletons der Münchner Abendzeitung (als Kritiker geliebt und gehaßt gleichermaßen), geht ebendieser Beschäftigung bei der Berlinale nach. Wie immer ist er in Zeitnot, die Abendzeitung wartet auf zwei Filmkritiken, er sitzt am Telefon, um sie durchzugeben. Damals gab es leider noch nicht diese göttliche Erfindung Fax! Während des Telefonats wird das von ihm geordnete Mittagessen von einem Kellner auf seinem Zimmer serviert. Karsten Peters sagt, sein Telefongespräch unterbrechend, zu dem Kellner: »Sind Sie so freundlich und bringen mir noch irgendeinen Nachtisch – egal, was für einen. Ich danke Ihnen.« Er gibt weiter seine Kritiken durch. Nach gut einer Stunde klopft es. Zwei Männer in blauen Arbeitsmänteln stellen in seinem Zimmer ein herrlich altmodisches Nachtkästchen ab. »Verzeihen Sie vielmals, mein Herr«, sagt der eine Blaumantel, »es tut uns leid, daß es so lange gedauert hat. Aber diese Möbelstücke sind in unserem Hotel schon sehr lange ausgemustert. Wir mußten auf dem Boden suchen und es erst reinigen, es steht immerhin schon viele, viele Jahre dort oben. Noch nie hat ein Gast einen Nachttisch gewünscht.« Was für ein Service! Was für ein fabelhaftes Hotel, das auch den ausgefallensten Wunsch eines Gastes

*erfüllt! Karsten Peters unterdrückt nur schwer ein Lachen, um die bei-
den hilfsbereiten Männer nicht zu beleidigen, bedankt sich artig mit
zehn Mark für ihre Mühe und geht in die Cafeteria des Hotels, seinen
so sehnlich erwünschten Nachtisch einzunehmen. Was glaubst Du, wie
hoch im Kurs seit diesem Tag dieses wunderbare Hotel bei uns steht!!!*

Bayrisch Creme

Aber nun fangen wir mit dem richtigen Nachtisch an. Zur Bayrisch
Creme schlägst Du einen Liter süße Sahne in einer ganz großen
Schüssel, die muß später über das Doppelte an Masse aufnehmen
können. Die Sahne soll so fest geschlagen sein,
daß Du fast die Schüssel umdrehen kannst,
ohne daß die Sahne sich bewegt. Ab in den
Kühlschrank mit der Schüssel. Acht Eiweiß in
eine andere Schüssel. Von den Dottern gibst
Du fünf in eine kleine Schüssel, die brauchst
Du gleich. Die anderen drei in ein Gefäß in den
Eisschrank. (Zu was eigentlich? Siehe Seite
105!) Das Eiweiß zu steifem Schnee schlagen.
Rutschprobe wie bei der Sahne. Auch diese

Zutaten:
1 l süße Sahne
8 Eiweiß
5 Eigelb
200 g Zucker
2 Vanilleschoten
8 Blatt Gelatine
4 cl Grand Marnier
5 Kiwis

Schüssel in den Kühlschrank. Die fünf Eidotter werden jetzt mit
200 Gramm Zucker im Wasserbad glattgerührt. Ich weiß, ich weiß,
Du hast ja noch gar keine Ahnung, was ein »Wasserbad« ist. Suche
einen kleinen Topf, den Du mittels beider Henkel in einen größeren
hängen kannst, ohne daß der kleine den Boden des anderen berührt.
Den äußeren Topf füllst Du so hoch mit Wasser, daß das Wasser noch
den Boden des kleineren umspült. Wasser ohne den kleinen Topf heiß
werden lassen – nicht kochen. In den kleinen Topf gibst Du jetzt die
fünf Eidotter, die 200 Gramm Zucker und das Innere zweier
Vanilleschoten. Stöhne nicht schon wieder, ich erkläre es Dir ja: Die
Vanilleschote mit der Einkerbung nach oben auf ein Brett legen und
zwischen zwei Fingern festhalten. Mit einem kleinen scharfen Messer
die Schote entlang der Kerbe einschneiden – nicht durchschneiden!

Dann kannst Du die Schote aufklappen. Mit dem Rücken des Messers den Inhalt herausschaben, das ist nicht viel, ergibt aber eine ganz große Geschmacksintensität. Das machst Du mit beiden Schoten. Die leeren wegwerfen, das ausgekratzte Vanillemark in den Topf mit Eigelb und Zucker.

Erst wenn das Wasser heiß ist, den kleinen Topf in den größeren hängen, auf dem Herd stehen lassen, bei kleiner Hitze. Mit dem Kochlöffel, mit dem kommst Du besser am Topfboden und am Rand zurecht, und dann dem Schneebesen, mit dem kannst du schneller schlagen, die Masse glatt und sämig rühren, bis sie fast weiß ist und die Zuckerkrümelchen sich ganz aufgelöst haben. Die Masse darfst Du keine Sekunde ohne Bewegung lassen. Gehe nicht ans Telefon und rede mit niemandem. Konzentriere Dich auf die Creme! Die Töpfe, so, wie sie sind, auf die Seite schieben. In einer Schüssel mit einem halben Liter Wasser acht Gelatineblätter aufweichen lassen. Das dauert fünf bis zehn Minuten. Dann mit der Hand die Gelatine so fest ausdrücken, daß sie kein Wasser mehr enthält. In einem ganz kleinen Töpfchen 4 cl Grand Marnier warm werden lassen, die ausgedrückte Gelatine darin verrühren und in die Dotter-Zuckercreme geben. Natürlich umrühren! Das Töpfchen mit der Creme bleibt immer noch im Wasserbad, aber vom Feuer nehmen. Du wirst es gleich brauchen. Eischnee und Sahne aus dem Kühlschrank holen. Mit dem Kochlöffel – nie mit dem Schneebesen! – den steifen Eischnee in die steife Sahne rühren. Von der Mitte weg nach außen und nicht alles auf einmal. Langsam immer wieder ein bißchen Eischnee in die Sahne rutschen lassen. Ganz sachte drunterheben, aber Sahne und Eischnee müssen jetzt eine Masse sein. In diese rührst Du jetzt die Creme ein. Das Töpfchen in die eine Hand nehmen, den Kochlöffel in die andere. Die Creme als ganz dünnes Rinnsal in die Mitte des Eischnee-Sahne-Gemischs laufen lassen. Zuerst nur in der Mitte einrühren. Die Kreise immer größer machen, bis Du am Schüsselrand angekommen bist. Unter »rühren« verstehe ich nicht ein wildes Rumgetobe mit dem Kochlöffel, sondern ein fast zärtliches Einstreicheln in die Masse. Am Schluß noch die Ränder und den Boden mit einbeziehen, im Ganzen noch mal alles durchheben. Fertig! Den Schüsselrand mit einem feuchten Tuch sauberreiben, und die ganze Schüssel für mindestens acht Stunden im Eisschrank verschwinden lassen. Bevor Du die Schüssel auf den Tisch bringst, schäle viele Kiwis und lege sie in Scheiben geschnitten auf die Creme. Du wirst Furore mit Deiner Bayrisch Creme machen! Die Arbeitsvorgänge hören sich schwieriger an, als sie sind. Und geschrieben klingt alles noch viel komplizierter. Ein bißchen mitdenken mußt Du, um die einzelnen Bewegungsabläufe zu koordinieren, sie sind einfach ungewohnt. Wirf nicht gleich das Handtuch – versuche es. Vielleicht gelingt die erste nicht so toll, das macht nichts. In welcher Form auch immer, die Creme wird auf alle Fälle schmecken. Vielleicht sieht sie nicht so schön aus – was soll's! Noch eines muß ich dazu sagen. Mein Rezept ist eine sehr große Portion, bestimmt für mindestens zehn Leute. Es tut mir leid, ich habe noch nie eine kleinere Portion versucht. Es war mir immer zu langweilig, darüber nachzudenken, ob ich bei der Hälfte des Rezeptes jetzt statt der fünf Eidotter nur zwei oder doch lieber drei nehmen soll. Und wie teile ich ein Eigelb? Und wie das Weiß? Probleme über Probleme! Da ist mir schon Bayrisch Creme »satt« lieber. Sie hält sich übrigens, wenn sie nie lange außerhalb der Kühlung steht, bestimmt drei bis vier Tage. Danach aber hurtig – wirf sie weg!

Creme Caramel

Cremes sind sich alle ein bißchen ähnlich in ihrer Herstellungsweise. Bei der Creme Caramel nimmst Du vier ganze Eier und sechs Eigelb und rührst sie in einer Schüssel mit 200 Gramm Zucker schaumig. Dazu das Mark von zwei Vanilleschoten (Seite 134). Wenn die Creme schon sehr hell ist, schlückchenweise einen Liter Milch einrühren. In einer kleinen Teflonpfanne bei mittlerer Hitze zwölf Würfelzuckerstückchen in einem Eßlöffel Wasser auflösen. Ein bißchen braun werden lassen. Ich hoffe, Du hast inzwischen eine runde, feuerfeste Form, zu der suchst Du einen Topf, der so groß ist, daß Du diese Form reinstellen kannst. Zuerst gibst Du in die Auflaufform den ausgelassenen Zucker und gießt sie mit der Creme auf. In den Topf legst Du als erstes ein rund geschnittenes Butterbrotpapier, in das Du vorher mittels einer Gabel mehrere kleine Löcher reingestochen hast. Auf das Butterbrotpapier das Wasser geben. Die Auflaufform oben mit Folie abdecken, in den Topf stellen. Das Wasser darf natürlich nicht über die Form reichen, aber bis zur Hälfte schon. Auf den Herd damit, Wasser zum Kochen bringen, Hitze runterschalten und 90 Minuten köcheln lassen. Das Wasser soll wirklich nicht sprudeln, nur ganz leicht blubbern. Das Geheimnis des Butterbrotpapiers ist schnell gelöst: Durch die Löcher kann das Wasser durch, und der Druck auf die Auflaufform wird vermindert. Das ver-

> Zutaten:
> 1 l Milch
> 4 Eier
> 6 Eigelb
> 200 g Zucker
> 2 Vanilleschoten

hindert, daß sie hin und her tanzt, was einen höllischen Lärm macht. Die Auflaufform steht ja direkt am Boden des Topfes! Nach der Garzeit abkühlen lassen, erst dann kannst Du die Form herausnehmen, weil sie sonst ja viel zu heiß wäre. Eine Nacht im Kühlschrank stehenlassen und am nächsten Tag auf eine Platte stürzen. Du wirst sehen, oben ist der braune Zucker schön karamelisiert. Den Saft, der sich vielleicht gebildet hat, mit rausgießen. Ist doch auch nicht so schwierig, oder?

Die Einladungen zu einem privaten Abendessen bei Anneliese Friedmann, Herausgeberin der Abendzeitung in München, sind immer etwas ganz Besonderes. Nicht nur, daß meine Freundin Annelie die beste Gastgeberin der Welt ist – ruhig und unauffällig erfüllt sie jeden Extrawunsch bei Tisch, ersetzt Fehlendes in Windeseile, ohne daß man als Gast das Gefühl hat, die Dame des Hauses ist unentwegt am Rennen. Es hat den Anschein, als ob sie nie den Tisch verlassen würde. Wie macht sie das bloß? Ihre Gästelisten und Sitzordnungen sind wohldurchdacht, Freund und Feind sitzen nie direkt nebeneinander, und oft schon habe ich bedauert, daß das Essen, dem eigentlich Sterne gebührt hätten, nicht so voll zur Geltung kam, weil die Tischgespräche so aufregend, interessant oder so lustig waren. Nicht nur, daß Annelie selbst eine exzellente Köchin ist, nein, sie hatte auch noch eine Herrin in der Küche, die alles übertraf: Frau Mizzi! Und diese Meisterin der Kochkunst überraschte uns vor vielen Jahren mit einem

Dessert, das wir nicht kannten: Mousse au Chocolat. Die Mousse war einfach himmlisch. Frau Mizzi hatte damit was in Bewegung gebracht, womit sie sicher nie gerechnet hat. Vor jeder Einladung haben wir uns versichert, daß es auch diese Nachspeise gäbe, sie durfte eine Zeitlang nichts anderes machen. Jeder wollte das Rezept haben – ich ganz besonders. Annelie und Mizzi schwiegen wie ein Grab. Bestechungsversuche scheiterten kläglich. Es war einfach nichts zu machen. Aber dann gab es zu einem Weihnachtsfest eine Überraschung. Annelie verschickt zu diesem Fest immer besonders liebe und originelle Grüße an ihre Freunde, und – siehe da – diesmal war der Weihnachtsgruß der ganzen Familie Friedmann das Rezept für die

Mousse au Chocolat

Einen Liter Sahne schlagen. Zehn Eiweiß ebenfalls steif schlagen. Die Schüssel mit der Sahne muß so groß sein, daß sie mehr als nur Sahne und Eiweiß aufnehmen kann. Beide Schüsseln in den Kühlschrank. Im Wasserbad (Seite 134) 400 Gramm Schokoladencouvertüre (halbbitter) flüssig werden lassen. Die Schokolade in kleine Stückchen brechen und in den Topf im Wasserbad geben. Ab jetzt ist dauerndes Rühren angesagt. Die Schokolade wird dickflüssig. Ganz wichtig ist, daß Du mit dem Kochlöffel auch noch die winzigsten Stückchen aufspürst und zerdrückst. Es darf kein einziges Knöllchen mehr dabeisein. Die flüssige Schokolade vom Feuer nehmen, ein bißchen abkühlen lassen. Der steife Eischnee wird wie schon bei der Bayrisch Creme (Seite 134) unter die Sahne gehoben. Die Schokolade auch ganz genauso langsam einrühren. Eine Nacht im Kühlschrank kalt stellen.

> *Zutaten:*
> *1 l Sahne*
> *10 Eiweiß*
> *400 g Schokoladencouvertüre (halbbitter)*

Zu all diesen herrlichen Cremes möchte ich Dir noch eine kleine Geschichte erzählen, natürlich von meiner so erfindungsreichen Freundin Annelie Friedmann. Als ich noch mit hängender Zunge ergebnislos dem Rezept für die Mousse hinterherhechelte, überraschte sie mich zu einem Jubelfest mit einem hinreißenden Geschenk: einer wunderschönen Terrinenschale mit Deckel. Aber wieso war die so ungeheuer schwer? Sie war gefüllt bis oben hin mit Mousse au Chocolat! Diese Idee habe ich einfach geklaut, das gestehe ich heute, nicht mal reumütig, weil ich damit vielen meiner Freunde eine ganz große Freude bereitet habe. Den Inhalt abgestimmt auf die jeweilige Lieblingscreme, mal diese, mal jene. So eine tolle Idee darf man sicher nachahmen – aber immer nur mit vielen guten Gedanken und einem großen Dank an die Erfinderin Annelie Friedmann.

Sollte Dir für so eine arbeitsaufwendige Nachspeise mal die Zeit fehlen, kaufe einfach ein Päckchen **Schokoladenpudding**. Es gibt wirklich guten. Koche den Pudding, so wie es auf dem Päckchen angegeben ist, er wird Dir sicher gut gelingen. Damit mußt Du Dich ganz sicher nicht genieren. Frische Milch oder etwas Kondensmilch dazu schmeckt sehr gut. Na ja – Mousse ist es keine!!!
Die zwei Nachspeisen, über die ich jetzt schreibe, sind eigentlich gar keine. Beide sind eine richtige Mahlzeit und waren ein typisches bayerisches Mittagessen für Freitag: ohne Fleisch.

Rohrnudeln

Fangen wir mit dem **Hefeteig** an: 500 Gramm Mehl in eine nicht zu kleine Schüssel, ein ganzes Ei reinschlagen, eine Prise Salz dazu und einen Viertelliter lauwarme Milch bereitstellen. 30 Gramm Hefe – Du kaufst sie als Würfel – mit den Fingern in eine kleine Schüssel zerbröseln, je einen Kaffeelöffel Zucker und Mehl dazu und mit einem Eßlöffel von der lauwarmen Milch verrühren. Ein Tuch drüber und 20 Minuten an einem ruhigen, warmen Ort »gehen« lassen. Das heißt so, weil dieser kleine Teig ungeheuer aufgeht. Dann gibst Du den sogenannten Vorteig, bei uns heißt das Dämpferl, in die Schüssel mit den anderen Zutaten. Ein wenig einrühren, und dann langsam die lauwarme Milch unter ständigem Rühren einlaufen lassen. Den Teig mußt Du so schlagen wie bei den Spätzle (Seite 42), bis er Blasen wirft und sich ganz leicht vom Schüsselrand löst. Ein Tuch drüber und in die ruhige, warme Ecke damit. Eine Stunde gehen lassen.

So, und jetzt arbeiten wir an den **Rohrnudeln**. In einer Reine läßt Du bei niedriger Hitze auf dem Herd 60 Gramm Butter zerlaufen. Mit einem Pinsel streichst Du auch die Seitenwände aus. Vor allem die Ecken der Reine müssen gut mit Butter bestrichen sein. Aus dem »gegangenen« Hefeteig formst Du Kugeln in Schneeballgröße. Die Hände vorher gut mit Mehl bestreuen und auch die Rohrnudeln noch mal in ein wenig Mehl wenden. In die Reine setzen. Eine hinter die andere, in zwei Reihen oder auch drei, je nachdem, wie groß die Rohrnudeln sind. Sollte es in der Reine eng werden, schiebe die Nudeln einfach zusammen, das macht nichts, sie suchen sich ihren Platz während der Backzeit schon selbst. Die Reine in die Mitte der kalten Röhre schieben, erst jetzt auf 200 Grad stellen, 40 Minuten backen.

Zutaten:
500 g Mehl
1/4 l Milch
1 Ei
30 g Hefe
60 g Butter

Ein bißchen reingucken sollst Du schon, damit sie oben nicht zu dunkel werden, wenn ja, einfach eine Folie drübergeben. Garprobe: Mit einer langen Fleischgabel schräg in die Nudeln stechen, wenn sie so sauber wieder herauskommt, wie Du sie reingesteckt hast, sind die Rohrnudeln fertig. Mit Topflappen bewaffnet die Reine aus der Röhre nehmen und auf ein Brett stürzen, Rohrnudeln mit Zucker bestreuen, auseinanderreißen und einzeln auf die Teller geben. Irgendein Kompott aus der Dose dazu, Zwetschgen schmecken besonders gut – ein Genuß!

Dampfnudeln

Für Dampfnudeln machst Du den gleichen Hefeteig wie bei den Rohrnudeln. Überhaupt ist bis zum Kugelndrehen alles gleich. Die Dampfnudeln sollst Du etwas größer rausdrehen. Die Nudeln legst Du auf ein mit Mehl bestreutes Brett, ein Tuch drüber und

30 Minuten »gehen« lassen. Bevor es weitergeht, muß ich von etwas schreiben, wovon ich weiß, daß es in der Küchenutensilienliste nicht zu finden ist: einem runden Topf aus Gußeisen mit gut abschließendem Deckel. Kauf Dir einen, er ist sein Geld wert. Bodendurchmesser so um die 35 cm. In dem eisernen Topf läßt Du 100 Gramm Butter zerlaufen, gießt einen Viertelliter Milch dazu und verrührst darin zwei Kaffeelöffel Zucker und ein Päckchen Vanillezucker. In diese Soße setzt Du die einzelnen Dampfnudeln. Deckel fest aufsetzen und 40 Minuten bei mittlerer Hitze köcheln lassen. Der Deckel darf während der Kochzeit nie geöffnet werden. Auch nicht mit dem kleinsten Spältchen reingucken, die Nudeln wären sofort kaputt, das heißt, sie fallen zusammen. Dieses Gemisch aus Teig und Luft ist äußerst empfindlich! Daß die Dampfnudeln fertig sind, merkst Du auch daran, daß der Topf sehr eigenartige Geräusche von sich gibt. Manchmal »singt« er, manchmal kracht es auch nur. Den Deckel ganz schnell vom Topf nehmen, damit ja kein Tröpfchen von dem Kondenswasser, das sich innen am Deckelrand bildet, auf die Dampfnudeln fällt. Sonst erschrecken sie sich und fallen auch zusammen! Im Topf dürfte jetzt keine Soße mehr sein! Mit der Bratschaufel fest unter jeder Dampfnudel den Belag am Boden mit aufkratzen, in einen Suppenteller mit heißer Vanillesoße (kaufst Du fertig, die schwedische ist am besten!) setzen. Dieses Gericht wird mit Löffel und Gabel gegessen, kleine Stücke abreißen, das schmeckt köstlich, und der Boden der Dampfnudel ist eine Delikatesse!

Zutaten:
Hefeteig (s. S. 139)
100 g Butter
1/4 l Milch
2 TL Zucker
1 Päckchen Vanillezucker
Vanillesoße

Kaiserschmarrn

Jetzt sind wir schon mal beim »Schwarzgeschirr«, so heißt der eiserne Topf, dann verwenden wir ihn gleich noch mal. Zum Kaiserschmarrn gibst Du 500 Gramm Mehl in eine Schüssel, fünf Eidotter dazu, aus dem Eiweiß wird Eischnee geschlagen, eine Prise

Salz und einen Kaffeelöffel Zucker mit einem dreiviertel Liter Milch glattrühren. Den Eischnee darunterheben. Im eisernen Topf 100 Gramm Butter zerlaufen lassen, den Teig reinlaufen lassen und bei mittlerer Hitze wie einen Pfannkuchen (Seite 26) backen. 100 Gramm Rosinen (Weinbeeren) gewaschen und wieder getrocknet oben auf den Teig legen. Immer mal wieder mit der Schaufel nachgucken, wie weit der dicke Pfannkuchen schon angebacken ist. Wenn er schön braun ist, umdrehen. Das geht am besten mit zwei Schaufeln, und wenn er Dir zerbricht, macht das auch nichts. Wieder nachsehen. Sobald er auch auf der anderen Seite braun ist, nimmst Du beide Schaufeln und zerreißt den Pfannkuchen in lauter kleine Stückchen, richtig zerfetzen. Wenn der Teig überall durchgebacken ist, streue zwei Kaffeelöffel Zucker drüber, immer wieder umdrehen. Fast mußt Du Dich um jedes einzelne Fetzchen kümmern! Der Kaiserschmarrn wird durch den Zucker ein wenig glänzend. Er hat jetzt ganz verschiedene Farben: von Dunkelbraun bis Gelb. Auf einer Fleischplatte servieren, vorher noch mit dem Sieb Puderzucker drüberstreuen. Ein Kompott schmeckt sehr gut dazu, meistens wird er aber nur so gegessen. Siehst Du, das ist jetzt wieder eine echte Nachspeise.

Zutaten:
500 g Mehl
3/4 l Milch
5 Eier
100 g Butter
100 g Rosinen
2 TL Zucker
Puderzucker

Quarkspeise

Und zum Schluß noch einen Nachtisch, der schnell gemacht und nicht so schwierig ist. Für die Quarkspeise nimmst Du 250 Gramm Sahnequark, zwei Eßlöffel Zucker, den Saft einer Zitrone und auch die abgeriebene Schale davon. Das muß natürlich eine ungespritzte Zitrone sein. Alles in einer Schüssel glattrühren. Einen Viertelliter süße Sahne steif schlagen und unter den Quark heben. Jetzt ist es Dir überlassen, was Du da reingeben möch-

Zutaten:
250 g Sahnequark
2 EL Zucker
1 Zitrone
1/4 l süße Sahne
Obst nach Wahl

test. Kleingeschnittene Erdbeeren oder Pfirsichstückchen oder sonst irgendein Obst, das aber reif sein muß. Zur Not auch aus der Dose. Am liebsten gebe ich ein kleines Glas Preiselbeeren rein, die haben einen ganz tollen intensiven Geschmack.

Wie gerne würde ich Dir noch schreiben, wie man einen Apfelstrudel selber macht – aber ich sehe mich außerstande, Dir schriftlich zu erklären, wie man einen Strudelteig mit den Händen »auszieht«! Ich hatte es schon versucht zu beschreiben, aber mein »Gegenleser« nahm als Fazit mit, daß man sich selber in den Teig einwickeln muß. Das war also nichts, ich kann das einfach nicht erklären, noch dazu ist es mit großen artistischen Leistungen verbunden. Du mußt mal bei jemandem, der das gut kann, zugucken. Nur so lernst Du das.

Noch eines: Rechne nie damit, daß einige Deiner Gäste keinen Nachtisch mögen. Sogar die eingefleischtesten Süßspeisengegner, die selbst am Tisch noch sagen, »nein, danke, für mich sicher nicht! Nein, nein, ich möchte auch gar keinen Teller, ich muß auf meine Figur achten«, werden sich eines Besseren belehren lassen. Das geht an mit der Bitte, doch mal ein Löffelchen versuchen zu dürfen, »wirklich nur probieren«, und endet damit, daß sie heimlich einen Teller zu sich ziehen und mit der plumpesten Ausrede der Welt, »ooch, das hat ja gar nicht sooo viele Kalorien«, sich den Bauch vollschlagen. So ist das Leben! Lache drüber.

Ein Nachwort und das Ende eines langen Briefes

Kochen ist eine ungeheuer kreative Arbeit. Es ist ein Prozeß der dauernden Umwandlung. Wir machen aus Nahrungsmitteln, die roh für den Menschen meist nicht so verträglich sind, ein feines, nicht nur »genießbares« Gericht. Nicht umsonst sagt man nach einem besonders gelungenen Mahl: Das war ein »Gedicht«! Wenn ich eine Kartoffel im Urzustand betrachte und weiß, was ich alles daraus zaubern kann, ist das doch wunderbar und äußerst aufregend. Nur schade, daß diese Kunstwerke alle so schnell wieder verschwinden. Nichts bleibt erhalten. Spätestens nach ein paar Stunden ist alles, was Du Dir ausgedacht und mit viel Mühe hergestellt hast, ganz schlicht »verputzt«. Aber ich muß Dir sagen, leergegessene Teller, fast ausgeleckte Schüsseln und glückliche Gesichter sind am Ende eines schönen Essens für den Koch oder die Köchin eine große Belohnung. Oder breitet sich manchmal doch Frust aus, wenn man nach vielstündiger Vorbereitung zusieht, wie das mit Liebe und Hingabe zubereitete Essen achtlos und nebenher, während eines Diskurses über die Güte von Autolackierungen, verschlungen wird? Beim Verhalten Deiner Gäste während einer Mahlzeit lernst Du Deine Freunde kennen!

Zutiefst bewundere ich alle Hausfrauen und -männer, die siebenmal die Woche, jahrein, jahraus, mindestens eine warme Mahlzeit täglich auf den Tisch ihrer Familien bringen müssen. Immer etwas anderes, sonst werden sie gleich angemotzt: »... schon wieder!!!!« Weißt Du, wieviel Kreativität und Phantasie dazugehört? Ihnen allen gebührt meine größte Hochachtung. Und wenn ich mir die Frauen und Männer ansehe, die das auch noch neben ihrem Beruf schaffen, weil sie einfach mitverdienen müssen, dann bin ich sprachlos. Ich könnte es, glaube ich, nicht.

Ich koche wirklich leidenschaftlich gern – aber nur, wenn kein Zwang dahintersteht. Während der Arbeit wasche ich schon immer alles ab, was ich nicht mehr brauche. Meine Küche sieht auch längst nicht mehr wie ein Schlachtfeld aus, und trotzdem – ich hasse Abwasch! Wie oft habe ich mir die Heinzelmännchen herbeigesehnt, und manchmal war sogar eines da in Form einer freundlichen, wissenden Person, die mit dem Satz: »Du hast heute so toll für uns gekocht – den Abwasch mach jetzt wirklich ich«, in die Küche entschwand. Was für ein glücklicher Moment!

Noch bist Du kein Meister der Kochkunst, aber es ist ja auch noch keiner vom Himmel gefallen. Ich hoffe, mein kleiner Basis-Kurs, der vielmehr handwerklicher als kulinarischer Art ist, hat Dir Spaß gemacht. Ich bestehe mit Sicherheit nicht auf Alleingültigkeit meiner Rezepte. Es gibt so viele Varianten davon, auch sind Deiner eigenen Erfindungsgabe keine Grenzen gesetzt. Jetzt, glaube ich, wirst Du in der Lage sein, ein Kochbuch zu lesen, es auch zu verstehen, und um all die vielen Dinge wissen, die dort nur angedeutet sind. Wenn Du mal irgend etwas überhaupt nicht mehr weißt, dann schau doch einfach nach in dem für Dich geschriebenen »Kochbuch für zwei linke Hände«.

Zum Schluß noch ein allerletztes Rezept, das ich Dir auf gar keinen Fall vorenthalten möchte. Einer Legende nach soll es die Mutter von Johann Wolfgang von Goethe verfaßt haben:

Rezeptur für ein Sylvestermenü

Man nehme 12 Monate,
putze sie ganz sauber von Bitterkeit,
Geiz, Pedanterie und Angst
und zerlege jeden Monat in 30 oder 31 Teile,
so daß der Vorrat genau für ein Jahr reicht.

Es wird jeder Tag einzeln angereichert aus
einem Teil Arbeit, zwei Teilen Frohsinn und Humor.
Man füge drei gehäufte Eßlöffel Optimismus hinzu,
einen Teelöffel Toleranz,
ein Körnchen Ironie und eine Prise Takt.
Dann wird die Masse sehr reichlich
mit Liebe übergossen.

Das fertige Gericht schmücke man
mit Sträußchen kleiner Aufmerksamkeiten,
serviere es täglich mit Heiterkeit
und einem guten Schoppen Wein.

Damit endet, wie ich jetzt zu meinem Erstaunen feststelle, ein sehr, sehr langer Brief an Dich, liebe Stephanie. Eine große Umarmung und einen dicken Kuß

immer

Deine großmama

Register

Literaturgenuß und Gaumenfreuden

Große Persönlichkeiten laden zu Tisch

Sie liebten es, gut zu essen und zu trinken,
große Diners zu geben und die Freunde mit
phantasievollen Menüs zu verwöhnen.
Bücher voller *joie de vivre*, die Literaturfreunde
und Gourmets gleichermaßen begeistern.

Jean-Bernard Naudin
Anne Borrel
Alain Senderens
**Zu Gast bei
Marcel Proust**

Der große Romancier
als Gourmet

Mit 70 Rezepten
192 Seiten
Gebunden
ISBN 3-453-05928-X

Marie-Christine
und Didier Clément
**Zu Gast
bei Colette**

Die Grande Dame
der Pariser Salons
und ihre kulinarischen
Liebhabereien

Mit 120 Rezepten
208 Seiten · Gebunden
ISBN 3-453-06261-2

HEYNE

Lebensart und kulinarische Tradition

Große Persönlichkeiten laden zu Tisch

Claire Joyes
**Zu Gast bei
Claude Monet**

Der große Impressionist
als Gourmet

180 Rezepte aus seinen
»Carnets de Cuisine«
192 Seiten · Gebunden
ISBN 3-453-03604-2

Jean-Bernard Naudin
Jacqueline Saulnier
Jean-Michel Charbonnier
Zu Gast bei Renoir

Der große Maler
als Gourmet

Mit 60 Rezepten
192 Seiten · Gebunden
ISBN 3-453-07949-3

Jean-Bernard Naudin
Geneviève Diego-Dortignac
André Daguin
**Zu Gast bei
Toulouse-Lautrec**

Der Maler des
Moulin Rouge als Gourmet

Mit 160 Rezepten
200 Seiten · Gebunden
3-453-06929-3

Jean-Bernard Naudin
Odile Godard
Zu Gast bei Scheherazade

Kulinarische Genüsse aus
1001 Nacht

Mit 70 Rezepten
192 Seiten · Gebunden
ISBN 3-453-07395-9

HEYNE